ESCOGE
perdonar

**Libros de Nancy DeMoss Wolgemuth
publicados por Portavoz:**

Adornadas: Viviendo juntas la belleza del evangelio
La apariencia
Atrévete a ser una mujer conforme al plan de Dios (editora general)
Biblia devocional Mujer Verdadera (editora general)
El cielo gobierna
Confía en Dios para escribir tu historia (coautora)
Contracultural: El llamado de la mujer verdadera
En busca de Dios
En la quietud de su presencia
Escoge perdonar
La gratitud y el perdón
La libertad del perdón
El lugar apacible
Mentiras que las jóvenes creen (coautora)
Mentiras que las jóvenes creen, Guía de estudio (coautora)
Mentiras que las mujeres creen
Mentiras que las mujeres creen, Guía de estudio
Mujer Verdadera 101: Diseño Divino (coautora)
Mujer Verdadera 201: Diseño Interior (coautora)
Quebrantamiento: El corazón avivado por Dios
Rendición: El corazón en paz con Dios
Santidad: El corazón purificado por Dios
Sea agradecido

ESCOGE *perdonar*

DEL DOLOR A LA ESPERANZA

NANCY DeMoss Wolgemuth

EDITORIAL PORTAVOZ

This book was first published in the United States by Moody Publishers, 820 N. LaSalle Blvd., Chicago, IL 60610 with the title *Choosing Forgiveness* copyright ©2006, 2008, 2022 by Revived Hearts Foundation. Translated by permission. All rights reserved.

Este libro fue publicado por primera vez en Estados Unidos por Moody Publishers, 820 N. LaSalle Blvd., Chicago, IL 60610 con el título *Choosing Forgiveness*, copyright ©2006, 2008, 2022 por Revived Hearts Foundation. Traducido con permiso. Todos los derechos reservados.

Edición en castellano: *Escoge perdonar* © 2007, 2023 por Editorial Portavoz, filial de Kregel Inc., Grand Rapids, Michigan 49505. Traducido con permiso. Todos los derechos reservados.

Ninguna parte de esta publicación podrá ser reproducida, almacenada en un sistema de recuperación de datos, o transmitida en cualquier forma o por cualquier medio, sea electrónico, mecánico, fotocopia, grabación o cualquier otro, sin el permiso escrito previo de los editores, con la excepción de citas breves o reseñas.

A menos que se indique lo contrario, todas las citas bíblicas han sido tomadas de la versión Reina-Valera © 1960 Sociedades Bíblicas en América Latina; © renovado 1988 Sociedades Bíblicas Unidas. Utilizado con permiso. Reina-Valera 1960™ es una marca registrada de American Bible Society, y puede ser usada solamente bajo licencia.

EDITORIAL PORTAVOZ
2450 Oak Industrial Drive NE
Grand Rapids, MI 49505 USA
Visítenos en: www.portavoz.com

ISBN 978-0-8254-5059-4 (rústica)

2 3 4 5 edición / año 32 31 30 29 28 27 26

Impreso en los Estados Unidos de América
Printed in the United States of America

Oh Dios,

La sangre de nuestro hijo ha multiplicado

el fruto del Espíritu en el terreno de nuestras almas;

por eso, cuando sus asesinos se levanten delante de ti

en el día del juicio

recuerda el fruto del Espíritu por el cual ellos han

enriquecido nuestra vida. Y perdona.

—Obispo Hassan Dehqani-Tafti de Irán

Contenido

Prólogo

Durante mis muchos años como pastor, he visto cuánta destrucción y enfermedad acarrea un espíritu que no perdona. No es posible exagerar el daño emocional, espiritual y físico que se produce cuando rehusamos perdonar.

Alguien ha descrito la falta de perdón como la acumulación de ira reprimida. Con frecuencia, la ira puede pasarse por alto porque se niega, mientras continúa arraigándose y creciendo como un tumor invisible. El esfuerzo por almacenar nuestras heridas para que queden fuera del alcance de nuestra memoria consciente es como tratar de sujetar bajo el agua una pelota de playa totalmente inflada. Ante el más leve cambio de presión, sale disparada sin control.

Los psicólogos afirman que quienes cultivan malezas de amargura y falta de perdón pagan un alto precio. Cuando elegimos aferrarnos a nuestro rencor, renunciamos al control sobre nuestro futuro; perdemos el frescor del nuevo día y todas sus posibilidades a cambio del dolor del pasado. Muy a menudo desperdiciamos preciada energía física y mental cavilando acerca de alguien que puede estar muy alejado y ser totalmente ajeno a nuestros pensamientos. Tal vez incluso esta persona no es consciente de lo sucedido y, sin duda, en ninguna medida se siente afectada por lo que pensamos o hacemos.

Seguramente, antes de haber terminado de leer el título de este libro, habrás asimilado la verdad más importante acerca del perdón: ¡El perdón es una elección! Nancy DeMoss Wolgemuth deja muy claro que todos tenemos el poder para perdonar y ser perdonados.

A partir de historias de la vida real, podemos ver la dicha del perdón y la amargura del resentimiento prolongado. Cada capítulo te invita a experimentar la dinámica espiritual y emocional del perdón.

Este es un libro interactivo que te plantea interrogantes importantes. En todos los capítulos y en el epílogo, la autora presenta un cuestionario para ayudarte a evaluar tu progreso en el ciclo del perdón. Las preguntas me parecieron prácticas, profundas y reveladoras.

Si bien Nancy DeMoss Wolgemuth es una autora excelente, es ante todo una maestra de la Biblia. Como podría esperarse de cualquier libro con su nombre en la cubierta, este ofrece una prolija exposición de las Escrituras. No se me ocurre algún pasaje clave sobre el perdón que Nancy haya pasado por alto. De forma erudita y práctica, expone cada pasaje bíblico con toda su fuerza, a fin de que se entienda claramente el mensaje acerca del perdón.

En *Escoge perdonar* están ausentes las trivialidades que tantas veces aparecen en libros como este. No hay fórmulas ni respuestas simples. Pero si estás buscando la realidad y la belleza del perdón bíblico, aquí la encontrarás.

La forma en que la autora aborda el tema del "perdón a uno mismo" es la mejor respuesta a este asunto que he leído hasta ahora. Si eres una de las tantas personas que cree que Dios puede perdonarte y, al mismo tiempo, no te perdonas a ti misma, este libro te liberará de ese yugo.

Sea que necesites perdonar o ser perdonada, en este libro encontrarás la fuerza espiritual que necesitas para lograrlo.

DAVID JEREMIAH
Pastor principal, *Shadow Mountain Community Church*
Fundador y presentador, *Turning Point Radio and Television Ministries*

SER PERDONADO ES TAN DULCE,

QUE LA MIEL ES INSÍPIDA EN COMPARACIÓN.

SIN EMBARGO, HAY UNA EXPERIENCIA AÚN MÁS DULCE,

Y ESTA ES PERDONAR.

—*C. H. Spurgeon*

Introducción

Regina Hockett esperó su turno en la fila del supermercado para finalizar una transacción rutinaria en un día cualquiera. De pronto, comenzó a percibir un alboroto a su alrededor, un bullicio y voces raras. Sintió las primeras oleadas de alarma y adrenalina que te invaden ante la percepción del peligro.

De manera instintiva, se volteó para asegurarse de que Adriane, su hija de doce años, estuviera a su lado, justo donde segundos antes le había pedido una moneda para la máquina de gomas de mascar.

Sin embargo, no veía a Adriane por ninguna parte.

Alguna vez, en esos fugaces momentos entre el pasado y el presente, la chica había recordado dónde había dejado su mamá las monedas del cambio en el auto. La niña había salido del almacén para buscar una moneda en el asiento delantero del auto, y luego se disponía a regresar a la entrada del establecimiento, con la intención de cambiar su moneda por un chicle.

En ese momento, contra la puesta de sol color carmesí de mediados de octubre, se oyó el disparo de un rifle en el estacionamiento. Hubo pánico.

Para entonces, Regina recorría de arriba abajo los pasillos y los corredores de las cajas registradoras, llamando a Adriane, con sus ojos ansiosos, escudriñando, relampagueando. *¿Dónde podría estar? ¡Pero si estaba justo aquí!* Por último, abriéndose paso con violencia hacia la salida, divisó el cuerpo sin vida de una niña sobre el pavimento, con zapatos que parecían conocidos y que destellaban con las luces del alumbrado público.

Era Adriane. Estaba muerta.

Pero ¿por qué?

Pasarían tres largos años antes de que la respuesta a ese interrogante comenzara a surgir; tres dolorosos aniversarios preguntándose quién había hecho esto y dónde se escondía.

Con el tiempo, los hechos salieron a la luz. Dos miembros de una pandilla de adolescentes habían partido aquella noche para "darle un nombre" a su grupo rebelde. Cuando recorrían el estacionamiento de la tienda en ese vecindario de clase media de Nashville, con la ventana del lado del pasajero abierta y un lustroso rifle de asalto completamente cargado en su regazo, habían escogido al azar una mujer de mediana edad que estaba de pie junto a su auto. *Supongo que ella sería el objetivo.*

Algo provocó que el tirador errara en su objetivo, y la bala alcanzó a una estudiante ejemplar de sexto grado.

Los sospechosos sonrieron y se burlaron del juez cuando al fin los apresaron y trajeron a un juzgado nocturno, y cuando se leyeron los cargos en su contra. Uno de ellos incluso amenazó al detective que los acompañó, advirtiéndole que nunca viviría para ver el día del juicio de ellos.

Se descubrió que aquel había sido solo el primero de tres asesinatos cometidos por la pareja en cuatro meses.

Puedes estar segura de que nunca antes Regina había sentido tanto dolor en su vida. "Estaba destrozada, tan destrozada como se puede estar —dijo ella—. Durante un año estuve tan deshecha, tan deprimida, que no pude hacer nada".

Los años pasaron, y cada uno era un recuerdo de su pérdida, un esfuerzo obligado de imaginar lo que Adriane hubiera podido hacer, dónde hubiera podido ir, cómo podría ser... si estuviera presente.

Cuando Regina habló públicamente en una entrevista con el periódico *The Tennessean*[1], diez años después del asesinato, confesó que nunca entendería por completo por qué su preciada hija tuvo que morir de esa manera. "Pero sé esto: Adriane está en el cielo, y Dios me ha dado el poder para decir algo que nunca pensé poder decir: *Los perdono*".

De hecho, a raíz de su pena investigó tanto como pudo sobre los asesinos que le habían quitado la vida de su hija. Se enteró de su crianza disfuncional, de sus familias destruidas, su carencia de buenos modelos que pudieran imitar. Incluso participó en una organización que ministraba a los prisioneros condenados a muerte. Regina recuerda bien la primera vez que pudo visitarlos como parte de un grupo. Mientras hablaba con el guardia en el vestíbulo, uno de los prisioneros condenados a muerte pasó cerca; las cadenas de sus pies sonaban, y ella pudo ver su cara. Era el asesino de Adriane. Justo delante de sus ojos. Pensó que debía haber sentido ira, pero en lugar de eso sintió pena.

"Mi corazón estaba muy cargado porque había orado por ambos chicos. Mi oración es que ellos puedan encontrar a Dios y sepan que no tienen que vivir una vida miserable, incluso allí".

Incluso ellos.

¿Cómo es posible?

Me gustaría poder decirte que el perdón no exige semejante sometimiento y renuncia. De hecho, en un sentido sería más fácil eludir el tema por completo, en vista de que vivimos tiempos en los cuales muchos enfrentan problemáticas que afectan lo más profundo de su ser, y que para tantos la única forma de sobrevivir es mantenerse alejados de los demás.

Cónyuges infieles. Padres descuidados e insensibles. Abuso sexual... en el hogar, en el trabajo e incluso en las iglesias. Hijos rebeldes. Parientes despiadados. Jefes y figuras de autoridad arrogantes. Puedo añadir más y más.

A lo largo de casi cinco décadas de ministerio, he encontrado más dolor en el corazón humano y en las relaciones humanas de lo que jamás hubiera podido imaginar.

Por ejemplo, creo que nunca olvidaré a la mujer que pasó al micrófono en una de mis conferencias e hizo salir como un torrente la trágica historia del cruento asesinato de su hija adulta a manos de un acosador. Todavía puedo oír la profunda angustia y vehemencia en la voz de esta madre, cuando parada junto a mí frente a cientos de mujeres gritó: "¡He odiado a este hombre durante catorce años! ¿Cómo lo puedo perdonar? *¿Cómo?*".

> *Si vamos a ser verdaderos instrumentos de misericordia en la vida de otros, debemos actuar con la verdad, la verdad de Dios.*

Pienso en otra mujer que había enfrentado otras experiencias y circunstancias muy diversas, y que escribió: "Me siento como una cristiana robot. He excluido a Dios de mi vida y me limito a vivir de forma mecánica por todo el sufrimiento que he soportado".

Luego está una amiga que había sido abandonada por su padre

drogadicto cuando era niña y que años más tarde se encontró guardando rencor contra él, incluso cuando él quiso reconciliarse: "¿Cómo puedes ir a la iglesia y cantar alabanzas —estás adorando al Señor, conoces la Palabra y sirves en el ministerio—, y sin embargo no puedes perdonar a tu padre?", preguntó. "Como cristiano... eso no tiene sentido".[2]

Nuestro corazón se duele al pensar en tal injusticia y sufrimiento. Cuando las personas nos cuentan este tipo de historias, deseamos decir: "Si estuviera en tu lugar, me sentiría igual". Nuestra tendencia natural es desear que los ofensores reciban al menos una medida de lo que merecen.

Sin embargo, si vamos a ser verdaderos instrumentos de misericordia en la vida de otros, debemos actuar con la verdad, la verdad *de Dios*. No con una negación optimista y artificial que intenta seguir como si el daño no hubiera ocurrido. No con palabras o fórmulas rígidas o mecánicas como si bastara una receta legalista de instrucciones paso a paso.

Me refiero a la dulce, rica y pura Palabra de Dios, y a sus caminos, que no son ajenos ni indiferentes a nuestras experiencias de la vida real, sino llenos de vida, de sanidad y de gracia, pues Dios hace posible la reconciliación en las relaciones rotas, a la vez que restaura, redime y (finalmente) hace nuevas todas las cosas.

Su verdad es lo bastante fuerte para encarar situaciones en las cuales nunca llega una disculpa o esta resulta imposible por muerte u otra limitación; es lo bastante fuerte para dejarnos libres e ilesas, incluso nuestro corazón y nuestra alma, gracias al regalo del perdón.

Así es como Dios obra.

La actitud que predomina en nuestra cultura actual (e incluso en el mundo evangélico, con demasiada frecuencia) nos autoriza a consentir e incluso fomenta nuestro resentimiento, nuestras relaciones rotas y nuestros conflictos no resueltos. Algunas veces amigos bienintencionados nos acompañan para apoyar nuestra decisión obstinada de pagar con la misma moneda a quienes han pecado contra nosotros, simpatizantes de nuestra autocompasión.

Sin embargo, la Palabra de Dios dice claramente que el costo de la falta de perdón es muy alto. No podemos esperar vivir en paz con Dios o experimentar su bendición en nuestra vida si rehusamos perdonar a nuestros deudores. Hacerlo es obstruir su gracia y permitirle a Satanás que "gane ventaja" sobre nosotros (2 Co. 2:11).

Las heridas que te han infligido no se aliviarán si las acumulas y dejas que se infecten. De hecho, solo se harán más molestas y agobiantes.

La compasión puede dar alivio temporal, pero solo el perdón puede traer consuelo duradero.

Los dientes afilados de la amargura

Uno de los personajes más memorables de *Grandes esperanzas,* la novela clásica de Charles Dickens, es una excéntrica anciana llamada Miss Havisham. En el relato, conocemos a esta extraña mujer en su cumpleaños. Años antes, ese mismo día, ella se vestía para su boda, a la espera de su prometido. Sin embargo, faltando veinte minutos para las nueve, recibió la abrumadora noticia de que su novio se había escapado con otra mujer y que por consiguiente no vendría... ni ahora ni nunca.

A partir de ese momento, la vida se detuvo para Miss Havisham. Todos los relojes de su casa quedaron detenidos exactamente en la desdichada hora de las ocho y cuarenta. De las ventanas colgaban pesadas cortinas que bloqueaban la entrada de los rayos del sol a su casa, una morada oscura y más deslucida que nunca. Vivía encerrada con su hija adoptiva Estella, mientras el banquete y el pastel de la boda permanecían pudriéndose sobre la mesa, las arañas arrastraban las migajas y se escuchaban ratones trepando las paredes.

Lo más gráfico era que la novia abandonada aún tenía el ahora chafado vestido y el velo que llevaba puestos en el momento de su tragedia; desde hacía tiempo estaban desteñidos y amarillentos, y la tela y encajes no eran más que harapos.

Al personaje principal, Pip, que llega a la casa atraído por Estella, y a quien desde luego le intriga el motivo de semejante espectáculo (*¿a quién no?*), Miss Havisham le ofrece este deprimente análisis: "En este día del año, mucho antes de que tú nacieras, fue traído aquí este montón de ruinas. Nos hemos consumido juntos. Los ratones lo han roído, y *dientes más afilados que los de los ratones me han carcomido a mí*" (cursivas añadidas).[3]

Aquellos "dientes" eran (y son) los filos cortantes de la amargura, el resentimiento y la falta de perdón. Desgarran más hondo que la herida producida por una garra o un colmillo; esta filosa hoja puede atravesar la piel y minar el gozo, erosionar la paz y cerrar nuestro corazón a la luz de la presencia de Dios.

Claro, puede que nuestra situación no sea tan patética como la de Miss Havisham. Podemos encontrar maneras de acallar el dolor, de

> *El perdón no es un método que pueda aprenderse, sino más bien una verdad que debe vivirse.*

seguir adelante a pesar de nuestro resentimiento, e incluso mantener una apariencia de normalidad. Con todo, nuestro espíritu interior sufre los signos delatores de esos dientes lacerantes y de la tenebrosa condición en la que hemos decidido vivir.

¿Se ha detenido el reloj en *tu* vida? ¿Hubo un momento en el que alguien o algo te hirió, y a partir del cual todo cambió? Quizá todavía puedes recordar el día, la hora, el año, la escena, las circunstancias exactas de ese momento. Tus esperanzas, tus sueños y tu inocencia sintieron el afilado aguijón de la traición y la desilusión. Desde entonces, la historia de tu vida ha sido revivir tu pérdida y buscar venganza, con acciones directas o negándote a brindar amor y afecto.

¿Sabes bien cómo se sienten esos dientes afilados?

Quiero decirte que no tienes por qué vivir así. Es tiempo de retirar las cortinas y salir de la oscuridad. Hacerlo puede parecer arriesgado, incluso imposible. El proceso puede ser doloroso. Pero hay vida, salud y todo un mundo nuevo fuera de la oscuridad, de las mohosas paredes del dolor y la desilusión tras las cuales has parapetado tu corazón. Dios quiere darte la gracia para seguir adelante; Él quiere hacerte libre.

Una verdad para ser vivida

A lo largo de este libro veremos qué es y qué no es el perdón; lo analizaremos a la luz de las Escrituras, inquiriendo en sus promesas, al tiempo que desenmascaramos algunos de los mitos que lo rodean. Nos enfocaremos en la manera en que podemos vivirlo, y en cómo ponemos en práctica la gracia y la misericordia de Dios como Él lo ha hecho con nosotras.

Sin embargo, en ninguno de los mejores principios y reflexiones que yo pueda ofrecer, y en ningún pasaje de las Escrituras, vamos a encontrar una palabra mágica o una fórmula secreta. El perdón no es un método que pueda aprenderse, sino más bien una verdad que debe vivirse. El concepto del perdón no será ajeno a muchas de las que lean este libro. Es improbable que en estas páginas descubras alguna verdad nueva y profunda.

Para la mayoría de nosotras, el problema no es que no sepamos acerca del perdón. El problema, como he podido observar en tantas vidas (entre ellas la mía), es que no hemos reconocido y admitido la falta de perdón que existe en nuestro corazón, o que simplemente, no hemos escogido perdonar.

Al animarte a escoger la senda del perdón, con todos sus riesgos y dificultades, no quiero dar a entender que lo que te ha pasado no es tan malo como crees. Lo que has sufrido es real. Tal vez has sufrido un terrible maltrato por parte de un pariente cercano, o de un amigo cercano, o de un extraño, incluso de un pastor o ministro cristiano. Puede que haya áreas de tu vida tan delicadas que difícilmente soportan que alguien las toque, debido a circunstancias pasadas o presentes que aún te sientes incapaz de comentar.

No quiero restarle importancia o minimizar las experiencias que han dejado una dolorosa huella en tu alma. De hecho, aunque algunos insistan en que necesitas "perdonar y olvidar", la verdad es que el verdadero perdón precisa que encares el mal que has sufrido.

No obstante, descubriremos a lo largo del camino esta dura pero sanadora verdad: Cualquiera que sea el pecado que hayan cometido contra ti, si escoges no perdonar, esa elección es en sí misma un pecado grave. De hecho, la falta de perdón puede a menudo ocasionar problemas en tu vida mucho peores y a más largo plazo que el dolor de la ofensa original.

Mi oración por ti

Me he sentido apremiada a escribir este libro porque sé que muchos creyentes enfrentan a diario los efectos en cadena de la falta de perdón, en una u otra forma. Es algo que afecta a hombres y mujeres, adultos y jóvenes, casados y solteros, ricos y pobres. Puede ser la respuesta a ofensas indescriptibles, algunas de las cuales pueden extenderse por décadas, o a insultos y agravios momentáneos que, si bien parecen microscópicos, duelen.

He visto cómo la falta de perdón causa estragos en los matrimonios, las iglesias, los centros de trabajo y los ministerios. He visto cómo destruye amistades de mucho tiempo.

En la introducción de su libro *Unpacking Forgiveness* [¿Qué es el perdón?], el pastor Chris Brauns explica: "No puedo decirte cuántas horas he pasado trabajando en cuestiones complejas sobre el perdón con personas en mis iglesias. El día que escribo esto, he escuchado ya a dos mujeres diferentes con el corazón roto. Me senté a la mesa y me dolí con ellas y oré, y vi cómo se acumulaban pequeñas pilas de pañuelos empapados de rímel y lágrimas. Mirando hacia atrás a través de los años puedo recordar imágenes de tantas personas cansadas y heridas".[4] Dicho de forma simple, este es un *tema capital*.

Es probable que, mientras lees estas palabras, el resentimiento arda como un fuego incontenible en tu interior. O puede que sea menos intenso, más parecido a un dolor adormecido. Puedes llegar a acostumbrarte tanto a este dolor que seas incapaz de recordar lo que era vivir sin él. O puede ser tan sutil y encubierto que ni siquiera puedas reconocerlo por lo que es. Sin importar lo que sea, no tienes que seguir ese camino. La elección de perdonar te conducirá a un camino hacia la libertad.

El autor de Hebreos dijo: "Mirad bien, no sea que alguno deje de alcanzar la gracia de Dios; que brotando alguna raíz de amargura, os estorbe, y por ella muchos sean contaminados" (He. 12:15).

Mirad bien. Esas son las palabras inspiradas de Dios que me guían a aguas donde sé que me arriesgo a que me consideren alguien insensible o simplista, por parecer fría y cruel. Mi oración más profunda es que cada lectora pueda "alcanzar la gracia de Dios"; que liberes cada rehén que puedas mantener cautivo en la prisión de tu mente y de tus emociones... y que, al hacerlo, también encuentres tu libertad.

Este es el plan de Dios para ti. Es lo mejor que Dios tiene para ti. Y es la voluntad de Dios para tu vida.

Perdona.

Hablamos de manera locuaz acerca del perdón

cuando nunca hemos sufrido un agravio.

Cuando somos agraviados sabemos que es imposible

para un ser humano perdonar a otro,

sin la gracia de Dios.

—*Oswald Chambers*

CAPÍTULO UNO

CAMINAR LASTIMADOS

Mientras escribía este libro, una amiga me dijo: "Yo, en realidad, no toco este tema. Simplemente no lucho con la amargura o la falta de perdón".

Aunque esto puede ser cierto para unos pocos, he llegado a pensar que, de manera consciente o inconsciente, la falta de perdón es, de hecho, un asunto muy real para la mayoría de las personas. Casi todo el mundo conoce a una o a varias personas a quienes no ha perdonado.

He confirmado esto una y otra vez con lo que veo. Durante muchos años, siempre que he tratado el tema, y después de definir y describir el perdón desde una perspectiva bíblica, le he preguntado al público: "¿Cuántos de ustedes serían lo bastante sinceros como para admitir que hay una raíz de amargura en su corazón, que hay una o más personas en su vida —pasada o presente— a quienes nunca han perdonado?".

He interrogado así a miles de personas, incluso creyentes de larga data, líderes de estudios bíblicos y obreros cristianos. Y, sin importar cuál sea el escenario o quién sea el público, se han levantado casi sin excepción entre el 80 y el 95% de las manos de los presentes.

Todavía me conmueve profundamente pensar que la inmensa mayoría de las personas sentadas en la iglesia domingo tras domingo (y muchos de los que están sentados en la casa porque han dejado la iglesia decepcionados), tiene al menos una semilla —si no un bosque— de falta de perdón en su corazón.

En muchos casos, esas manos levantadas revelan corazones que todavía están heridos, sangrando, sufriendo, oyendo las palabras, viendo las ofensas, sufriendo para superar lo sucedido.

En otros casos, las manos representan corazones que han sido anestesiados, que se han vuelto indiferentes o aislados, y que tal vez levantan paredes para protegerse de ser heridos otra vez.

Cualquiera sea la historia detrás de cada mano levantada, estoy convencida de que la falta de perdón en el corazón del pueblo de Dios no es la excepción; se ha convertido en la *norma* para la mayoría. Puede que hayan aprendido a vivir así; puede que estén "sobrellevando" la situación; puede que oculten su condición con risas o la entierren con muchas ocupaciones. Pero cuando logran ser sinceros consigo mismos y con Dios, se dan cuenta de que no son libres.

Así que, aunque sé muy bien que hay otros buenos libros y materiales disponibles sobre este tema, sigo viendo ese mar de manos levantadas. Son personas como tú. Sigo pensando en los ojos que he visto y en las historias que he oído de corazones atormentados o hastiados. Más aún, reflexiono todo el tiempo en cuán diferente puede ser la vida de las personas cuando caen los muros una vez que escogen la senda del perdón y son liberados de la prisión de la amargura y el dolor.

Capas profundas de la vida

No podemos hablar del perdón sin reconocer la realidad del dolor. Si nunca hubiéramos sido heridas, no habría necesidad de perdonar.

En verdad somos una generación de personas heridas. Y las personas lastimadas tienden a herir a otras. (Tal vez hayas escuchado decir que el animal más peligroso de la selva es aquel que ha sido herido). Solo mira alrededor toda la violencia y descomposición social. Desde la furia en las calles hasta las tensiones raciales. Protestas pacíficas que se convierten en disturbios. Los niños que van armados a la escuela y disparan a otros. ¿De dónde viene todo esto? La mayoría de las veces, es el resultado de una herida guardada y de una amargura latente que se ha convertido en ira, odio, venganza y violencia.

Cuando hablo de herida, ¿qué te viene a la mente?

Quizá fuiste obligada a soportar el abuso sexual en la niñez. Tal vez fuera un hermano, un pariente o un amigo mayor en quien confiabas. Quizás fue tu propio padre quien te utilizó para satisfacer algún deseo retorcido en su propio corazón. Tal vez aún estés tratando de superar recuerdos atormentadores, y la vergüenza y la rabia que los acompañan.

Quizás el abuso no fue tanto físico como emocional y manipulador. Tal vez la disfunción en tu hogar provocó que casi todas tus relaciones desde entonces se hayan complicado, y nunca has dejado de culpar a tus padres, a tus abuelos o a quien sea, por darte unas bases para la vida tan desfavorables.

Puede ser un esposo distante e inexpresivo, un cónyuge cuyas prioridades nunca han coincidido con las tuyas, que a menudo olvida o desatiende lo que es importante para ti.

Puede ser una hermana o un hermano que discutía contigo tanto por asuntos familiares importantes como insignificantes. Esto ha hecho que tus relaciones con él o ella sean tensas y superficiales, volviendo casi cada día festivo o cada reunión familiar una tarea penosa y una ocasión más para tomar partido y soportar insultos.

> *¿Tienes que conformarte con que los horribles restos del dolor sean tu porción en la vida? Y si la respuesta... es "no", ¿en realidad lo creerías?*

Quizás es un nuevo administrador en la compañía donde trabajas que te ha hecho sentirte marginada y menospreciada. Tal vez es tu yerno que ha hecho sufrir a tu hija o ha envenenado tu relación con tus nietos. O un pastor que traicionó la confianza de toda la congregación a la que perteneces al involucrarse en un romance adúltero, convirtiendo a tu iglesia en una telenovela más que un santuario. O quizás es la "otra mujer" que, por las circunstancias que sean, se convirtió en una intrusa en tu matrimonio, y ahora tu ira y resentimiento hacia ellos ha contaminado tus pensamientos, tus actitudes y tu actividad diaria.

Y si no es nada de lo anterior... es algo más, alguien, una situación que reaparece con dolorosa frecuencia y que hace desbordar como un torrente todas las emociones. Esto te ha dejado el corazón como si estuviera lleno de nudos. Parece como si estuvieras en guerra permanente, siempre en guardia contra el ataque de sentimientos contradictorios.

Esto ha interrumpido el libre caudal de adoración y ternura que solías disfrutar en tu relación con Dios, y es algo que te hace falta. Te hace falta Él. Es como andar siempre con algo de fiebre, o tal vez una peligrosa fiebre alta, y es algo que ha cambiado por completo el sentido de "normalidad" en tu vida.

La pregunta es: *¿Estas heridas, pasadas o presentes, tienen que determinar lo que eres, tu destino y tu manera de llegar a él?* ¿Tienes que conformarte con que los horribles restos del dolor sean tu porción en la vida? Y si la respuesta a estas preguntas es "no", ¿en realidad lo creerías?

Si tan solo supieras

Los asuntos que requieren perdón tienden a golpearnos justo donde nos duele. Rara vez juegan limpio, y pueden venir con poco o ningún aviso. Y aunque pueden parecerse a los que otros han experimentado, a menudo suscitan una serie de interrogantes difíciles en cada caso.

Por ejemplo:

¿Qué haces cuando el problema no es simplemente una vieja herida del pasado, sino una que continuamente se abre y agrava? ¿Cómo manejarlo si el causante de tu condición actual de ira y amargura no es un recuerdo distante, sino un acontecimiento que se repite (un amigo me preguntó esto ayer)?

O ¿cómo perdonar a alguien mientras tienes que protegerte a ti misma o incluso a tus hijos del daño que esa persona representa?

¿Cómo manejar las imágenes, los sonidos y las escenas que reaparecen de repente, o los recuerdos y fechas que se repiten sin cesar o se manifiestan en cualquier momento del día?

¿Y qué decir cuando tu ira no se dirige contra una persona que hizo algo contra ti, sino contra alguien que ha dañado a un ser querido? ¿No debe despertarse tu instinto maternal cuando tu hijo es intimidado en la escuela, o tu hija es maltratada por otras chicas, o cuando un inescrupuloso colega de tu esposo lo traiciona?

¿Cómo perdonar al chico blanco que profirió insultos racistas contra tu hijo negro en el campo de fútbol cuando existe una fisura complicada y dolorosa en torno a este tema que se remonta a generaciones pasadas?

¿Y qué decir del hombre que te habló de matrimonio, que parecía ser el hombre que Dios eligió para ti, pero al final se fue y jugó con tu corazón? ¿Qué haces con el daño que causó?

¿Cómo puedes siquiera empezar a perdonar a tu cónyuge, que en solo un año parece otra persona y deja ver a todas luces que coquetea con otra mujer, y no parece importarle lo que piensas al respecto?

Y qué respuesta hay para alguien que escribe:

Los problemas se han apoderado de mi familia. Donde debe haber amor, hay odio, y donde debe haber compasión hay aflicción, contienda y discusión.

O a quien dice:

Por favor, te ruego que ores por mi familia. Ya no soporto más toda la ira, la falta de perdón y el odio en mi familia.

En verdad, estas son heridas de gran magnitud que exigen respuestas de la magnitud de Dios. No hay palabras ni varitas mágicas capaces de devolver las cosas a su estado original. No podemos presionar el botón "DESHACER" con la esperanza de ver que nuestra vida regrese a la condición anterior que conocimos o al desenlace que esperábamos.

Cuando el dolor es tan cercano, la herida tan sensible, la ofensa tan evidente, ¿cómo perdonamos?

Realidades dolorosas

Para comenzar a resolver estos interrogantes quiero sentar como base una realidad que puede parecer demasiado elemental y obvia:

Todo el mundo será herido en algún momento.

Es una realidad que forma parte de la vida. En este mundo caído, el dolor es inevitable. Sin duda alguna, serás herida, agraviada y ofendida por otros. No hay forma de evitarlo.

"En el mundo tendréis aflicción", le aseguró Jesús a sus ansiosos y desconcertados discípulos (Jn. 16:33), como Pablo le recordara a su joven discípulo Timoteo, tiempo después: "Y también todos los que quieren vivir piadosamente en Cristo Jesús padecerán persecución" (2 Ti. 3:12). Así que no se trata de determinar si somos lo bastante piadosas, pues aunque la obediencia trae su cuota de bendición eterna, también es cierto que los problemas y el dolor pueden sobrevenir al mejor creyente; y en ocasiones será más difícil para los cristianos que para otros.

En realidad, las experiencias de una persona podrán diferir de las de otra en detalles y proporciones específicos. Algunas experimentarán un dolor mucho peor comparado con el de otras. Sin embargo, la realidad de que todas las personas sufrirán daño de alguna clase es común a toda la raza humana; y es probable que suceda con mucha frecuencia en la vida. Todas enfrentaremos situaciones que constituyen terreno fértil para que se arraiguen y florezcan en nuestro corazón el resentimiento y la falta de perdón.

Hasta ahí todo está claro. No hay discusión. Sin embargo, quiero retarte a considerar otro comentario que puede no ser tan fácil de aceptar:

El resultado de nuestra vida no depende de lo que nos pasa,
sino de cómo respondemos a lo que nos pasa.

¿Captaste esta idea? El resultado de tu vida y de la mía, es decir, lo que somos, cómo funcionamos, nuestro bienestar personal, nuestro futuro, nuestras relaciones, nuestro servicio... nada de eso está determinado, en última instancia, por cosa alguna que hayan hecho o puedan hacer para herirnos.

Por supuesto, las circunstancias que forman el telón de fondo de nuestra vida *nos afectarán*; dejarán huellas en nuestro corazón que siempre serán parte de nuestra experiencia. Con todo, esos sucesos, por horrendos que sean, no tienen el poder para controlar el fin de nuestra vida.

Mientras creamos que nuestra felicidad y bienestar dependen de lo que nos pasa, siempre seremos víctimas, porque gran parte de lo que nos sucede escapa a nuestro control. Esa manera de pensar excluye cualquier esperanza; así nunca podemos ser diferentes, ni completos, ni libres. En mayor o menor medida (según como seamos tratadas o maltratadas), cuando situamos nuestra identidad en el victimismo, siempre pensaremos en nosotras como artículos dañados, personas condenadas a ser disfuncionales en un mundo disfuncional.

En realidad, no tenemos alternativa alguna frente a muchas de las cosas que nos pasan. Nuestra única esperanza consiste en darnos cuenta de que podemos escoger cómo *enfrentamos* las circunstancias de la vida. Dichas respuestas son las que determinan el resultado de nuestra vida.

Ahora, puede que a ti no te parezcan buenas noticias. "¿Me estás diciendo que yo soy responsable de mi respuesta a la situación sin importar lo que me han hecho? Eso pone la carga sobre mí... ¿qué clase de mensaje de aliento es ese?".

No obstante, independientemente de cuán atada hayas quedado por tu respuesta a las heridas que otros te han infligido, te aseguro que aceptar esta verdad es el punto de partida de tu viaje hacia la libertad.

Cuando como hijas de Dios comprendemos que su gracia es suficiente para cada situación, que por el poder de su Espíritu que mora en nosotras tenemos la capacidad de responder con gracia y perdón a quienes han pecado contra nosotras, dejamos de ser las víctimas de la situación. Entonces somos libres para sobreponernos a cualquier acto que puedan haber cometido contra nosotras, para crecer por medio de este, y para convertirnos en instrumentos de gracia, reconciliación y redención en la vida de otras personas heridas e incluso en la de nuestros ofensores.

Sí, podemos ser libres... si elegimos serlo.

> *Nuestra única esperanza consiste en darnos cuenta de que podemos escoger cómo enfrentamos las circunstancias de la vida.*

Llevar cuentas

Hay esencialmente dos formas de responder a las heridas y a las experiencias injustas de la vida. Cada vez que somos lastimadas, elegimos reaccionar en una de las dos.

La primera respuesta natural es convertirse en un cobrador. Hacemos que el ofensor pague por lo que ha hecho. Podemos hacerlo de manera abierta o sutil, pero hasta que no obtenemos una disculpa aceptable, hasta que no decidimos que se ha pagado una penalidad adecuada, queremos mantener al malhechor en la prisión de los deudores, y nos reservamos el derecho de castigarlo por su transgresión. Ese es el camino del resentimiento, la venganza y el desquite; es saldar las cuentas y obtener el pago exacto por lo que otro hizo.

En lugar de despojarnos de las ofensas que hemos recibido y dejar que Dios sea el único que es lo bastante grande y fuerte para manejar el problema de manera perfecta, justa y redentora, nos aferramos a la herida y rehusamos soltarla. Así mantenemos a nuestro ofensor como un rehén (o eso imaginamos).

Piensa en Jacob y Esaú: una primogenitura que fue robada con engaño. Las expectativas de oportunidad y prosperidad de toda una vida estaban en manos de Esaú. Sin embargo, por un truco, una conspiración preparada por una madre movida por favoritismos, el camino a la bendición paterna que por derecho le correspondía a Esaú se desvía drásticamente.

"Y aborreció Esaú a Jacob por la bendición con que su padre le había bendecido, y dijo en su corazón: Llegarán los días del luto de mi padre, y yo mataré a mi hermano Jacob" (Gn. 27:41). Estaba guardando la ofensa, esperando su tiempo, resuelto a buscar vengarse.

Sin embargo, el problema es que ser un "cobrador" implica más que mantener a nuestros ofensores en una prisión; nos pone también en una.

Un colega me narró una desgarradora historia que escuchó de una mujer que la contó a su iglesia, cuando el Señor le reveló su necesidad de escoger el camino del perdón. Hace décadas cuando era jovencita, ella y una amiga de su pequeño pueblo salieron un día a ver al *sheriff* del condado, cuya oficina estaba por casualidad en el mismo edificio de la cárcel de la ciudad. Las chicas siempre habían considerado al hombre como su amigo, la persona agradable con el uniforme y la placa con quien era divertido estar.

En algún momento de la tarde, su amiga se escapó para jugar, dejándola sola con el *sheriff* en su oficina. De repente, el gesto de su cara comenzó a incomodarla. El ambiente en la habitación se puso tenso y atemorizante. El *sheriff* se acercó a ella y le susurró: "Si llegas a contarles a tus padres lo que te voy a hacer —apuntando hacia las barras de hierro tras de él—, te pondré en una de esas celdas de la cárcel".

Y con eso, prosiguió a abusar de ella sexualmente.

Ya habían pasado muchos años desde lo que sucedió aquel día, hasta que siendo una mujer adulta contó por fin cómo el hombre a quien ella consideraba un amigo confiable había destrozado su inocencia infantil. Al recordar la amenaza del *sheriff* de encerrarla si ella lo denunciaba ante sus padres, ella dijo: "Ahora me doy cuenta de que en mi corazón lo *puse* a él en el 'calabozo' aquel día, y que todos estos años lo he mantenido en esa prisión".

Cuando al fin Dios abrió sus ojos para ver lo que la falta de perdón en realidad le estaba causando (y también a su matrimonio), se dio cuenta de algo más: aquel día, tantos años atrás, ella misma se había puesto en una cárcel. Y aunque ese hombre ya había muerto hacía mucho tiempo, la falta de perdón y la amargura la habían mantenido encerrada todos esos años en una celda que *ella misma* labró.

¿Fue culpa suya que una figura de autoridad se aprovechara de ella? Por supuesto que no, y eso debe quedar absolutamente claro. Pero ¿quién había sufrido más por su falta de perdón? ¿Y por qué debía ella estar en una "prisión" por un crimen que otro había cometido?

Cobrar deudas es la respuesta natural de seres pecadores por sufrir daño, abuso o maltrato. Esto siempre produce el amargo fruto de un dolor y un resentimiento más profundos, y de mayor esclavitud.

Pero hay otro camino. Un camino mejor. Es el camino de Dios.

Renunciar

Para no ser cobradores de deudas, que es el camino del resentimiento y la venganza, Dios nos llama a la elección pura y poderosa del perdón, y a seguir, hasta donde sea posible, el camino de la restauración y la reconciliación.

En realidad, las Escrituras no lo presentan como una opción. Pablo escribe en Colosenses 3:13: "De la manera que Cristo os perdonó, así también hacedlo vosotros". No hay lagunas confusas ni márgenes flexibles en esto, todo está claro.

El Señor mismo fue también claro y directo: "Y cuando estéis orando, perdonad, si tenéis algo contra alguno" (Mr. 11:25). La expresión *"algo contra alguno"* incluye todo, ¿no es así? Ninguna ofensa es demasiado grande, ningún ofensor sobrepasa el límite hasta donde nuestro perdón debe extenderse. Nuestra comunión con Dios lo exige, y depende de esto.

Así que, si nosotras como creyentes nos empeñamos en no perdonar, nuestro corazón tendrá que enfrentar el hecho de que nuestras acciones vienen a ser desobediencia. Perdonar no es una opción de "tómala o déjala" que solo un supercristiano esté llamado a elegir.

Sí, es antinatural. Es sobrenatural. A veces es casi increíble.

Pregúntale al cirujano cuyo error médico le costó la vida a la madre de mi amiga "Heidi". Aunque había sido llevada de urgencias al hospital con dolor en el pecho, seguía lúcida y alerta cuando los exámenes revelaron que en efecto había sufrido un leve ataque cardiaco. Después de una rápida evaluación de un pequeño grupo de doctores, se determinó que una angioplastia sería el mejor procedimiento para desobstruir sus arterias.

Fue llevada de inmediato a cirugía. Todo el mundo esperaba que saliera bien.

No obstante, en algún momento de la operación, el doctor infló el catéter de globo demasiado rápido, antes de lo debido. Su corazón dañado comenzó a fallar de forma irreparable, y quedó en estado de coma. Murió tres horas más tarde.

El padre de Heidi estaba inconsolable. Su esposa, con quien compartió un matrimonio de cuarenta y dos años que había atesorado con gran amor y fidelidad sin igual, le había sido quitada en un instante por un desatino, por el error absurdo de un cirujano.

Los días que siguieron fueron casi insoportables para Heidi. Su amable y gentil padre fue transformándose en un ciclón de ira, aflicción, desesperación y venganza. Implacable en su cólera, y atormentado por su corazón destrozado, se propuso "derribar ese hospital". Exigió una reunión con la administración del mismo y con los médicos responsables del cuidado de su esposa, prometió encararlos y decirles que los estaba demandando por todo lo que habían hecho y que viviría para verlos sufrir.

Mientras el personal del hospital y los médicos esperaban ansiosos la llegada del papá de Heidi para la confrontación, temblaban de solo pensar en lo que iban a escuchar. Nada podría haberles preparado para lo que ocurrió a continuación.

De camino a la reunión, el papá de Heidi comenzó a darse cuenta de que, si él quería ser libre de esa mazmorra de ira y amargura en la cual se encontraba, debía hacer lo que Dios había hecho por él. Debía perdonar.

Para el asombro de todos los presentes, al entrar por la puerta ese día, fue directo a donde estaba el hombre cuyo error había terminado con la vida de su amada, le extendió su mano y dijo: "La única forma como seré capaz de vivir con algo de paz por el resto de mi vida es perdonándolo".

Las personas en el recinto se quedaron pasmadas. El doctor comenzó a llorar. Por un momento que pareció una eternidad, no pudo siquiera soltar la mano del hombre que había renunciado a su derecho de venganza.

Ese día, dos personas salieron de aquel salón de conferencias como hombres libres. Pero ninguno fue más libre que quien ofreció la liberación, aquel que perdonó.

Tomarse un veneno

Otra vez digo que nada acerca del perdón es fácil. No hay duda sobre esto. Es duro pensar en ello. Es difícil hacerlo. Cuesta seguir haciéndolo. Con todo, si de alguna manera pudiéramos distanciarnos lo suficiente de nuestra situación personal para verla de manera más clara, donde las heridas y las cicatrices no dolieran cada vez que nos damos vuelta o hacemos un movimiento brusco, podríamos ver algo más.

Podríamos ver que la falta de perdón solo empeora las cosas.

Rudy Tomjanovich fue cuatro veces parte del equipo estelar de la *NBA*, que parecía estar listo para otra temporada de premiación en 1977. Se suponía que sería el año en el que su equipo de Houston Rockets estaba preparado para obtener el título.

En la noche del 9 de diciembre, los Rockets estaban en el coliseo de Los Ángeles para jugar contra el equipo local de los Lakers. Estaban empatados, y el segundo tiempo apenas empezaba cuando hubo una riña ente dos jugadores cerca de la mitad de la cancha. Tan pronto se dio cuenta, Tomjanovich, que estaba a cierta distancia de la pelea, empezó a correr muy rápido para acudir en defensa de su compañero de equipo.

Kermit Washington, uno de los jugadores involucrados en la pelea, recuerda haber avistado una figura roja que se acercó rápidamente; era Tomjanovich con su camiseta roja. Al darse vuelta, lanzó un puñetazo contra la cara de Rudy que lo lanzó al piso, y la parte posterior de su cabeza golpeó duro contra el suelo.

Después de recibir lo que se conoce ahora entre los fanáticos del baloncesto como "el puñetazo", Tomjanovich permaneció inmóvil varios segundos, inconsciente. De hecho, los médicos compararon el golpetazo que alcanzó a Rudy justo cuando avanzaba a toda velocidad, con un choque de dos locomotoras que van a máxima velocidad. Las lesiones que sufrió se asemejaban a las de una persona que se estrella contra un parabrisas a ochenta kilómetros por hora.

No fue solo una nariz ensangrentada. (De hecho, su esposa todavía se molesta cuando alguien se refiere a las lesiones de su esposo como "una nariz rota": "La única parte de su rostro que no se arruinó —dice ella— fue su nariz"). Su cráneo quedó desarticulado, su mandíbula nunca volvió a cerrar de forma adecuada. Incluso sus conductos lagrimales quedaron arruinados. Casi muere.

En la siguiente temporada, después de cinco cirugías reconstructivas, Rudy intentó volver a jugar su amado deporte. Sin embargo, solo por poco tiempo logró alcanzar el nivel de desempeño previo a los súbitos sucesos de aquella noche. Se retiró poco tiempo después, al darse cuenta de que sus habilidades se habían afectado, pues no quería trasladar a su familia a otra ciudad solo para tratar de alargar un poco más sus días de práctica deportiva.

Todo pasó muy rápido, sin avisar. Un día, su idea de "normalidad" era la vida competitiva de un atleta profesional. Al siguiente día, este concepto significó permanecer durante horas en una unidad de cuidados intensivos, entre la vida y la muerte.

Lo que lo llevó allí no fue hecho a propósito. Algo se desencadenó, una cosa condujo a la otra, una situación que se descontroló. A veces eso sucede, ¿no es verdad? Es posible que recuerdes un acontecimiento en tu propia vida cuando las cosas se acaloraron, la vasija comenzó a hervir y la siguiente cosa que supiste fue que el daño ya había sido hecho. No había marcha atrás. Lo que se dijo, lo que ocurrió, cambió tu vida para siempre.

No obstante, cuando le preguntaron a este atleta si había perdonado a Kermit Washington por el puñetazo que arruinó su carrera deportiva, Rudy respondió: "Una vez alguien me dijo que odiar a Kermit sería como tomarse un veneno y pretender que otro muera. He tratado de recordar esto siempre".[1]

Como tomarse un veneno y pretender que otro muera. Esta es una poderosa ilustración de lo que es la falta de perdón en el corazón humano. Aunque pueda sentirse como una acción correcta, aunque pueda parecer justificable, aunque pueda surgir como nuestra única opción, es destructivo y mortal para aquel que lo toma. La misma arma que utilizamos para infligirle dolor a nuestro ofensor se convierte en una espada contra nosotras, que nos hace mucho más daño a nosotras mismas y a quienes amamos, que a aquellos que nos han herido.

> *UNA DEFINICIÓN DE LA FALTA DE PERDÓN:*
>
> *"Es como tomarse un veneno y pretender que otro muera".*

Encontrar la libertad

Entiendo que este viaje hacia el perdón requiere que profundices en áreas de tu vida que aún están sensibles y delicadas para ser tocadas. Sin embargo, también soy consciente de que nuestra forma natural de manejar estas heridas solo las mantiene irritadas e inflamadas.

Es la forma de actuar de Dios, y solo la suya, la que ofrece una esperanza de sanidad y libertad de los problemas inevitables de la vida que enfrentamos.

No fue una promesa vaga o una ilusión lo que Jesús dijo: "y conoceréis la verdad, y la verdad os hará libres" (Jn. 8:32). Escoger el perdón y andar en su verdad es el camino que Dios ha trazado, su viaje a la libertad. Y solo quienes lo transitan, lo descubrirán.

REFLEXIÓN PERSONAL

- ¿Hay una persona o circunstancia a la cual hayas culpado por el curso que ha seguido tu vida? ¿Cómo puede liberarte el hecho de aceptar tu responsabilidad por la manera en que has reaccionado a esa persona o situación?

- ¿Hay alguien que te ha perjudicado y a quien todavía tratas de hacerle pagar por sus ofensas? ¿De qué forma has tratado de exigir el pago? ¿Qué te impide perdonar y liberar a esa persona de su deuda?

- ¿Recuerdas una situación en la que te vengaste o llegaste a resentirte contra alguien que te hirió en vez de perdonarlo? ¿Cuáles fueron los resultados? ¿De qué manera afectó esto tu relación con esa persona? ¿De qué forma te ha cambiado tu respuesta? ¿Cómo afectó esto tu relación con Dios?

CAPÍTULO DOS

CUANDO REHUSAMOS PERDONAR

Un corazón herido puede experimentar emociones fuertes. Nuestro ministerio recibió una carta que muestra un corazón desgarrado; fue escrita por un chico convertido en hombre y luego diácono de iglesia, e ilustra claramente cuán intensas pueden ser estas emociones y los efectos duraderos y de gran alcance que pueden dejar con el paso del tiempo. También muestra la increíble distancia que es capaz de recorrer una persona herida en su esfuerzo por lidiar con el dolor.

Mi papá nos dejó cuando yo tenía dos años. Yo ansiaba tener un padre. Lo odié por dejarme. Lo odié tanto, que deseaba que muriera y se fuera al infierno.

Crecí en las montañas. Allí hay mucha superstición. Dicen que si fijas un clavo en un árbol y pronuncias el nombre de la persona mientras lo haces, esa persona morirá.

Había un gran pino cerca de donde crecí. Iba a ese árbol cada día para clavar puntillas pronunciando el nombre de mi papá. No sé cuántos clavos introduje en el árbol, pero mi papá no murió. Lo odiaba mucho.

El odio que tenía contra mi papá acabó con mi primer matrimonio, y está a punto de acabar con el segundo. Soy como una sombra. No tengo relaciones personales cercanas.

Mientras escribo este libro, he sentido una gran carga por los lectores que se parecen al autor de esta carta. El odio y la amargura están destruyendo sus vidas y sus relaciones, y ellos lo saben. Sin embargo, por alguna razón, nunca han estado dispuestos, o nunca se han sentido capaces de dejar esa amargura y perdonar a sus ofensores.

> *Nuestra sociedad se ha plagado tanto de rencor y amargura que casi nos parece una actitud normal ante la vida.*

También he sentido la carga por otro grupo que, según creo, es mayor en número: los que no se ven a sí mismos como personas amargadas que no perdonan. Aunque no martillan clavos en los árboles deseando que alguien muera, si le permitieran al Espíritu de Dios que los examinara, descubrirían semillas de amargura que se han enraizado en sus corazones.

En nuestra cultura terapéutica, se acepta, por lo general, reconocer que hemos sido "lastimados" o "heridos". Dichas palabras se centran en el daño que nos han hecho. No obstante, es mucho más difícil admitir que hemos dejado que esa herida se transforme (o más bien *degenere*) en falta de perdón o amargura, lo cual pone la responsabilidad sobre nuestros hombros.

Nuestra sociedad se ha plagado tanto de rencor y amargura que casi nos parece una actitud normal ante la vida. Cada día en Norteamérica se presentan decenas de miles de litigios que suman millones al año. Y aquellos que no dejan que su amargura los conduzca a un caso judicial o explote en crímenes violentos y adicciones, se expresan muchas veces en otras formas sutiles: desconfianza silenciosa, inseguridad, temores irracionales, hosca indiferencia, perturbación compulsiva y desasosiego.

¿Cómo puedes saber si la herida se ha convertido en amargura en tu vida? Puedes ser como la joven mujer que escribió para contarme sobre su lucha con la amargura en su corazón producto del divorcio de sus padres. "Las personas siempre me han dicho —dijo ella—, lo 'dulce' que soy, y que siempre sonrío. Pero creo que en el fondo de mi ser he estado amargada y enojada por muchas cosas. Y ahora que lo comprendo, quiero despojarme de eso".

Sin embargo, con frecuencia no podemos ver este tipo de cosas, aunque estén ahí. ¿Cómo puedes saberlo? Para empezar, comprueba si te identificas con alguna de estas afirmaciones:

- Con frecuencia recuerdo el (o los) incidente(s) que me hiere(n).
- Cuando pienso en una persona o situación particular, todavía me siento furiosa.
- Me esfuerzo mucho por no pensar en la persona, el suceso o la circunstancia que me causó tanto dolor.
- Tengo un deseo sutil y secreto de ver a esa persona pagar por lo que me hizo.
- Muy dentro de mi corazón, no me importaría que algo malo le sucediera a la(s) persona(s) que me hirió (hirieron).
- Me doy cuenta de que con frecuencia le cuento a otros cómo me ha lastimado esa persona.

ℛ Muchas de mis conversaciones giran alrededor de esa situación.

ℛ Cada vez que su nombre aparece, soy más propensa a decir algo negativo que algo positivo acerca de él o ella.

Este tipo de pensamientos revelan depósitos de resentimiento y falta de perdón en nuestro corazón. También nos permiten ver algo en nosotras mismas, una condición a la que jamás pensamos llegar.

¿Qué tan malo es esto?

Mi intención no es cargarte de culpa o añadir más a una situación que ya está saturada de dolor y emoción. Pero, si queremos ser libres, debemos primero reconocer la profundidad que ha alcanzado la falta de perdón en nuestra vida; tenemos que admitir el daño que esto ha causado, y el que *puede* causar. Asimismo, debemos enfrentar el hecho de que nuestra falta de perdón es un pecado, igual que lo fue la ofensa que la originó. No uno de los *peores* pecados, pero en realidad no menos que eso.

Muchos sabemos por experiencia que cuando se le da lugar en el corazón a algún tipo de pecado, este no se queda en su propio rincón. Si no lo confesamos y nos arrepentimos, tarde o temprano afectará todo nuestro ser: nuestro bienestar físico y emocional, nuestro comportamiento, todo nuestro porvenir.

La falta de perdón no es diferente. Cuando no somos capaces de tratar las heridas según lo ordena Dios y albergamos resentimiento en nuestro corazón, esa amargura se encona como una infección y nos invade hasta el punto de que comenzamos a verlo todo a través de la herida... todo lo que hacen los demás, todo lo que nos pasa.

Así que, cuando expongo lo que dice la Palabra de Dios acerca de este tema y hablo de las circunstancias dolorosas que puedes haber experimentado, mi deseo no es añadir a tu carga, sino ahorrarte más dolor. Mi anhelo es que disfrutes la bendición, la libertad y el poder transformador de andar en obediencia.

Ahora vamos a profundizar más en lo que es en realidad la amargura, lo que puede hacer y, más importante aún, comenzar a descubrir cómo podemos vencerla por el poder y la gracia de nuestro gran Dios.

El sabor de la amargura

Muchos conocemos bien la exhortación del apóstol Pablo de Efesios capítulo 4: "Quítense de vosotros toda amargura, enojo, ira, gritería y maledicencia, y toda malicia" (v. 31). Luego echaremos un vistazo a la otra cara de la moneda que presenta el siguiente versículo ("Antes sed benignos unos con otros, misericordiosos, perdonándoos unos a otros"). Pero primero, vamos a centrarnos en el asunto del cual queremos librarnos.

La palabra griega traducida como "amargura" en el Nuevo Testamento viene de la raíz *pik*, que significa tal como suena. En sentido literal, la palabra significa picar o cortar. Esto puede referirse a un objeto punzante o afilado, o a un sabor agrio o amargo. En sentido figurado describe "un estado de ánimo enojado y resentido que puede desarrollarse cuando sufrimos aflicción".[1]

Repasa las otras palabras que Pablo incluye en esa lista, como el tipo de acciones y actitudes que siempre acompañan la amargura:

- Ira y enojo: grados intensificados de resentimiento, hostilidad y furia que, bajo cierta medida de coerción o presión, pueden desbordarse tan rápido como una inundación en una tormenta de verano.

- Gritería y maledicencia (o hablar con maldad): arranques de ira descontrolados, uso de las palabras para desquitarse, humillar, hacer sentir mal a otros y empañar su reputación.

✑ Malicia: un deseo deliberado de causar dolor, un ataque premeditado al punto débil de nuestro ofensor, demostrando los pensamientos y sentimientos amargos de nuestro corazón.

¿Alguna de estas cosas ha encontrado morada en tu corazón?

La amargura en nuestro corazón siempre se abrirá paso en nuestra conversación o en nuestro tono de voz. Mira, por ejemplo, cuán cerca aparecen las palabras "amargura" y "maldición" en Romanos 3:14: "Su boca está llena de maldición y de amargura". Ambas están cortadas de la misma tela desagradable.

En Colosenses 3:19, Pablo contrasta el amor con la amargura y advierte sobre dejar que esta infecte la relación matrimonial: "Maridos, amad a vuestras mujeres, y no seáis *ásperos* con ellas".

Estas dos ideas —amargura y aspereza— están muy ligadas, incluso en el matrimonio. Las he visto socavar y arruinar más de un matrimonio. Cónyuges que una vez fueron dulces y cariñosos entre sí, terminan convirtiéndose en los peores enemigos, lanzándose palabras ásperas y amargas, devolviendo ojo por ojo y diente por diente, herida por herida.

¿Por qué hacemos esto? ¿Por qué permitimos que los indeseables intrusos de amargura, ira, malicia, aspereza y maledicencia actúen en nosotras, se arraiguen y se mantengan como un veneno dañino que guardamos en nuestra propia casa? Solo piensa en lo que hace la amargura:

✑ La amargura aflige al Espíritu de Dios.

✑ Nos vuelve duras y frías, y nos convierte en personas con quienes es difícil convivir.

✑ Nos vuelve personas negativas que critican a los demás.

✑ Nos hace rebeldes al plan de Dios y a su amor por nosotras.

🖋 Con el tiempo, nos destruye, tal como el ácido corroe el envase que lo contiene.

Entregados a los "verdugos"

En este momento puedes pensar: "Pero no entiendes mi situación. No es tan simple como eso".

Sí, tu situación puede diferir mucho de otras que conoces o de las que leerás en este libro. No obstante, hay consecuencias universales que vienen como resultado de rehusar perdonar, sin importar cuán grande o pequeña sea la ofensa, ni lo enmarañado y complejo del asunto.

Jesús contó, en Mateo 18, la profunda parábola del siervo que no perdona, en respuesta a la pregunta de Pedro: "Señor, ¿cuántas veces perdonaré a mi hermano que peque contra mí? ¿Hasta siete?" (v. 21). Allí vemos las horribles consecuencias que trae albergar rencor contra otros, si tenemos en cuenta lo mucho que Dios nos ha perdonado.

Ya conoces la historia. Un rey descubrió que uno de sus siervos le debía "diez mil talentos". Un "talento" equivalía en promedio al salario de veinte años de un trabajador normal. Así que 10.000 talentos serían el pago de *200.000 años*. ¡Una deuda imposible de pagar aun viviendo muchas vidas!

Para contextualizar esta cantidad, en aquella época el impuesto total anual que recogía el gobierno romano de toda la tierra de Palestina era un promedio de 900 talentos, una cifra muy inferior a los 10.000 talentos.[2] Jesús quiso escoger esta cifra astronómica con el fin de representar una cantidad inmensurable.

El rey mandó traer al hombre, exigiendo que él y su familia fueran vendidos con la esperanza de recuperar al menos parte de la deuda. El siervo cayó de rodillas rogándole al rey que tuviera paciencia con él, asegurándole que devolvería (como si en realidad pudiera) todo lo que le debía. Aun cuando el rey sabía que el hombre nunca podría aspirar a acumular semejante cantidad de dinero, tuvo compasión de él, canceló la deuda y lo dejó ir.

> *Cada vez que me niego a perdonar y guardo rencor, soy como el hombre que agarró a su compañero por el cuello y le exigió: "¡Págame lo que me debes!".*

Sin embargo, la historia se complica. Cuando este siervo regresó a su casa como un hombre perdonado, salió a buscar a uno de sus compañeros que le debía "cien denarios; y asiendo de él, le ahogaba, diciendo: Págame lo que me debes" (v. 28).

Tal vez ya sabes que "cien denarios" equivalen a unos pocos dólares, no más que algunas monedas de cambio. No obstante, ya que un denario representaba el salario de un día de un trabajador común, cien denarios significaban cerca de tres meses de ingresos, lo cual es una cantidad considerable para la mayoría de los trabajadores. Es posible entonces que resultemos simpatizando con la respuesta del siervo a su deudor, si no fuera por el hecho de que la deuda de este último no era nada en comparación con la exorbitante deuda que le habían perdonado a él.

Cuando leo lo que el siervo perdonado le hizo a su compañero, puedo sentir que mi presión sanguínea comienza a subir. Me indigna su insensibilidad e ingratitud. Pero justo en ese momento siento que el Espíritu Santo señala con suavidad mi propio corazón, y dice: "¿No es eso lo que tú haces?".

Cada vez que me niego a perdonar y guardo rencor, soy como el hombre que agarró a su compañero por el cuello y le exigió: "¡Págame lo que me debes!".

Después que este hombre fue llevado de nuevo ante el rey que le había perdonado aquella deuda imposible de pagar, este "le entregó a los verdugos, hasta que pagase todo lo que le debía" (v. 34).

"Verdugos". A la luz de lo que vimos en el capítulo anterior, ¿no es esto revelador si pensamos en la prisión donde nos hallamos por nuestra falta de perdón?

El hombre que había arrojado a su deudor en una prisión también acabó allí, sufriendo el mismo tormento que él le había impuesto a quien le debía dinero.

En caso de que nos hayamos ingeniado la forma de ignorarlo, Jesús subraya claramente el punto central de su parábola en el versículo 35: "Así también mi Padre celestial hará con vosotros si no perdonáis de todo corazón cada uno a su hermano sus ofensas".

Entonces tomemos esto como punto de partida.

(1) *Cuando rehusamos perdonar, nos exponemos a que nos entreguen a los "verdugos".*

En un sentido, Jesús se refirió al tormento final y eterno: los que persisten en su falta de perdón no dan muestras convincentes de haber sido perdonados. Si este es el caso, quedan expuestos a la ira y al juicio eterno de Dios.

Pero hay otra aplicación de las palabras de Jesús: las personas que se niegan a perdonar a quienes pecan contra ellas pueden ser entregadas a "carceleros" o "verdugos" más inmediatos y temporales.

¿Cuáles son algunos de estos verdugos? Yo creo que muchas de las enfermedades crónicas que aquejan a las personas hoy día y que pueden ser mentales, emocionales o físicas, tienen su origen en la amargura y la falta de perdón. No todas, por supuesto. Pero un número creciente de investigaciones en décadas recientes ha confirmado que la ira y el resentimiento son la causa de muchos de nuestros problemas fisiológicos.

La revista *Newsweek* reportó que se han relacionado emociones como la amargura, la ira y la hostilidad con el incremento en la presión sanguínea, los cambios hormonales, el deterioro de la función inmune del organismo y la pérdida de memoria. El director ejecutivo de un grupo de investigación dijo: "Cada vez que sientes falta de perdón, eres más propenso a desarrollar problemas de salud".[3]

En otro artículo de *Newsweek* apareció el resumen de un estudio que confirmó la idea de que las personas que obtienen altas puntuaciones en evaluaciones de ira, hostilidad o depresión, tienen en la sangre mayores niveles de un tipo de proteína que está fuertemente ligada al riesgo de ataque cardiaco, por lo que son dos veces más propensos.[4]

De hecho, es interesante notar que la palabra en inglés *anger*, que significa enojo, y la palabra *angina* (de pecho) tienen la misma raíz griega.

Te pido que me escuches: No estoy sugiriendo que la causa de cada dolor físico es la amargura o la falta de perdón, o que la decisión de perdonar garantice una mejor salud. Sin embargo, estoy convencida de que en muchos casos así es. Como sabes, nunca fue el plan de Dios que nuestro cuerpo sufriera el peso de la amargura y los conflictos no resueltos.

Esto incluso se evidencia en nuestro rostro. Es sorprendente cómo nuestros semblantes revelan los síntomas delatores de la amargura y la falta de perdón. Hoy día, con solo mirar el rostro de algunas personas, puedes ver las arrugas grabadas por años de heridas ocultas convertidas en amargura.

De ninguna manera quiero que alguien que sufre de una enfermedad de origen orgánico se sienta condenado, o hacer pensar que no debes seguir el tratamiento médico para tratar dolencias físicas. Por favor, entiende eso.

Con todo, Jesús relacionó la falta de voluntad para perdonar con el castigo de Dios de entregarnos a los verdugos. Si yo lidiara con síntomas inexplicables y persistentes, al menos le preguntaría al Señor si hay algo que Él quiere mostrarme, como amargura o falta de perdón, y que pueden ser la causa de males físicos, emocionales o mentales que no tienen otra explicación.

Conozco a una mujer que lo hizo. Ella entregó una tarjeta de oración al comienzo de una conferencia en la que yo hablé, en la que pedía oración por un problema en su espalda. Al final de la conferencia envió una nota que decía:

> *Es sorprendente cómo nuestros semblantes revelan los síntomas delatores de la amargura y la falta de perdón.*

Después de tomar la decisión de perdonar a mi hermana y a mi madre, noté que mi dolor de espalda desapareció. Había tenido ese padecimiento durante varios meses (*¿verdugos?*). Yo creo que mi corazón y mi cuerpo han sido sanados gracias a que decidí perdonar.

Quiero dejar claro esto: ser una persona que perdona no te garantizará una vida libre de sufrimiento. No obstante, me pregunto cuánto dolor podríamos evitar y cuánto dinero podríamos ahorrar (del que gastamos en médicos y terapeutas) si rehusáramos dejar que la amargura se arraigue en nuestro corazón.

No sentirse perdonado

Esta es otra conclusión que podemos derivar de este pasaje:

(2) *Cuando rehusamos perdonar, no podemos experimentar el amor y el perdón de Dios.*

Lee de nuevo las palabras de Jesús sobre el siervo inclemente al final de la parábola en Mateo 18: "Así también mi Padre celestial hará con vosotros si no perdonáis de todo corazón cada uno a su hermano sus ofensas" (v. 35).

La mayoría de nosotras hemos citado muchas veces esta petición de la oración modelo: "Perdónanos nuestras deudas, como también nosotros perdonamos a nuestros deudores". La expresión de este ruego debe guiarnos a preguntarnos: "¿Qué pasaría si Dios solo me perdonara en la medida en la que estoy dispuesta a perdonar a los que han pecado contra mí?". Pensar en esto inspira temor.

Es imposible ignorar esto porque, en los versículos que siguen a la oración modelo en Mateo 6, vemos que Jesús dice: "Porque si perdonáis a los hombres sus ofensas, os perdonará también a vosotros vuestro Padre celestial; mas si no perdonáis a los hombres sus ofensas, tampoco vuestro Padre os perdonará vuestras ofensas" (vv. 14-15).

Esas son palabras fuertes que nos retan a examinar nuestro corazón para ver si alguna vez hemos sido perdonados en realidad. Como dijo John Piper: "Si nos aferramos a un espíritu rencoroso, no seremos perdonados por Dios. Si persistimos en ello, no iremos al cielo, porque ese es el lugar donde moran quienes han sido perdonados".[5] No se trata de que un espíritu perdonador nos haga merecedores del perdón de Dios, sino simplemente de que las personas perdonadas perdonan a los demás, y de que quienes se niegan persistentemente a perdonar a los demás no tienen base para afirmar que han sido perdonados por Dios.

Sin embargo, aun las personas perdonadas luchan a veces para perdonar a otros. Y la falta de perdón siempre afecta nuestra relación con Dios.

He conocido muchos creyentes a los que les resulta difícil aceptar y experimentar el amor y el perdón de Dios. Aunque puede haber diferentes razones para ello, creo que una de las principales es que se niegan a perdonar a otros. Estas palabras de Jesús sobre la falta de perdón son tan estrictas y directas, que quienes hemos sido salvados por gracia y aún fallamos en perdonar de corazón terminamos buscando excusas y escapatorias, tratando de convencernos de que Él quiso decir algo menos tajante. Pensamos que si, en realidad, Él conoce cuán hondas pueden llegar a ser las heridas en nuestro corazón, es imposible que nos exija un perdón completo. *¿Acaso Jesús esperaría eso?*

La verdad es que no encontramos ningún lugar donde escondernos. "Bienaventurados los misericordiosos —dijo Él—, porque ellos alcanzarán misericordia" (Mt. 5:7). De ahí concluimos que los que no son misericordiosos con otros no deben esperar recibir la bendición que incluye esta promesa.

Cuando rehusamos perdonar, se interrumpe nuestra relación con el Padre. Las Escrituras declaran lo que confirma nuestra

> *Cuando rehusamos perdonar, se interrumpe nuestra relación con el Padre.*

propia experiencia: existe una clara conexión entre nuestra disposición a perdonar a otros y nuestra capacidad para experimentar y apropiarnos del perdón de Dios por nuestros pecados.

Quienes se aferran a la amargura y se niegan a perdonar, no pueden esperar disfrutar el dulce y pleno sabor de su compasión y misericordia.

Las huellas de Satanás

Quiero subrayar otra importante observación sobre la falta de perdón: (3) *Cuando rehusamos perdonar a otros, le damos lugar al diablo en nuestra vida*; tanto individual como en nuestro compañerismo cristiano.

Al tratar de mostrarles a los corintios lo que causaba la desunión entre ellos, el apóstol Pablo les habló acerca de la importancia del perdón. Al parecer, alguien, cuyo pecado había sido declarado, había "causado tristeza" a esa comunidad de creyentes (2 Co. 2:5); sin embargo, parece que se había arrepentido y que buscaba restauración. Aun así, en lugar de considerar esto como un motivo de gran gozo, algunos retenían el perdón, lo hacían a regañadientes, y lo mantenían alejado, haciendo que fuera más difícil para él acceder a la misericordia de su Padre y comenzar a vivir en libertad.

Así que Pablo instó a los corintios a perdonar y consolar a su hermano arrepentido (v. 7), como Pablo mismo había hecho: "porque también yo lo que he perdonado, si algo he perdonado, por vosotros lo he hecho en presencia de Cristo, *para que Satanás no gane ventaja alguna sobre nosotros*; pues no ignoramos sus maquinaciones" (vv. 10-11).

El diablo siempre gana cuando no perdonamos.

Cuando rehusamos perdonar, le damos lugar para tomar ventaja sobre nosotros, para ganar terreno en nuestra mente, para salirse con la suya dañando nuestras relaciones y para insensibilizar nuestro corazón a la voz del Espíritu.

Por eso las Escrituras nos exhortan: "Airaos, pero no pequéis; no se ponga el sol sobre vuestro enojo, ni deis lugar al diablo" (Ef. 4:26-27). En ocasiones podemos sentir una ira justa contra el pecado. Pero si dejamos que ese enfado se convierta en amargura o se encone en nuestro corazón, damos el primer paso para que Satanás actúe en nuestra vida.

Vi esta progresión claramente ilustrada en la vida de una joven que conozco. Cuando "Carmen" era una niña pequeña, comenzó a alimentar sus sentimientos heridos contra varias personas, entre ellas, miembros de la iglesia que criticaron sin razón a su padre pastor y a su madre, una mujer bienintencionada que era un poco dominante y a veces muy dura y apresurada para corregir a los demás.

Carmen permitió que su herida se convirtiera en ira, lo cual alimentó su resentimiento interior y degeneró en una intensa amargura y agitación. Por último, toda esa amargura afloró y explotó, con consecuencias desastrosas para esta joven, al igual que para su familia y amigos. Satanás hizo fiesta en la vida de Carmen, y esta "buena chica de un buen hogar cristiano" terminó hundida en profundas tinieblas espirituales adonde jamás imaginó llegar.

Cuando cerramos la puerta al perdón, se la abrimos a Satanás para que invada nuestra vida, y le damos las armas que necesita para tomar ventaja sobre nosotras.

Atreverse a ser disciplinadas

Aun a pesar de estos sombríos recordatorios, todavía descubrimos con frecuencia que escogemos la senda de la falta de perdón. Y si decidimos seguirla por mucho tiempo, nos convertimos en alguien a quien nadie busca ni quiere. Nos volvemos personas amargadas, queramos o no admitirlo.

Como sucede con cualquier pecado, cuanto más lo practiquemos, más se arraigará como un patrón normal de comportamiento. Cuanto más nos aferremos a nuestras heridas, ira y amargura, más esclavas llegaremos a ser de la falta de perdón (ver Ro. 6:16). Cuanto más permanezcamos en esta condición, más difícil será romper esas cadenas.

La amargura crece en nosotras cuando no logramos ver el problema y el dolor en nuestra vida desde la perspectiva divina, y cuando nuestra *realidad* dista mucho de nuestras *expectativas* de la vida.

Lo cierto es que vivir en un mundo pecaminoso y caído no es fácil. Como el apóstol Pablo nos recuerda:

> Porque sabemos que toda la creación gime a una, y a una está con dolores de parto hasta ahora; y no solo ella, sino que también nosotros mismos, que tenemos las primicias del Espíritu, nosotros también gemimos dentro de nosotros mismos, esperando la adopción, la redención de nuestro cuerpo (Ro. 8:22-23).

Hebreos 12 es un capítulo que presenta una amplia perspectiva de las dificultades que enfrentamos como creyentes. Eso nos recuerda que Dios usa las experiencias de nuestra vida, incluso las difíciles (o quizá estas de manera *especial*), para hacer algo único en nosotras: disciplinarnos "para lo que nos es provechoso" (v. 10).

Así es, ¡para nuestro bien!

Esta no es una forma natural de pensar. ¡Casi tan natural como cuando un niño espera con ansias ser disciplinado o corregido por sus padres! Como este pasaje declara, y todas hemos experimentado:

> Es verdad que ninguna disciplina al presente parece ser causa de gozo, sino de tristeza; pero despúes da fruto apacible de justicia a los que en ella han sido ejercitados (v. 11).

Dios no quiere decir aquí que los sucesos de nuestra vida sean de poca importancia. Si has sido herida o maltratada de alguna manera, Él no te dice que te deshagas del problema y lo controles, que madures y sigas adelante con eso.

No. La enseñanza de Hebreos 12 debe animarnos a pensar que Dios considera estos asuntos de suficiente importancia como para requerir su especial cuidado y atención. Él quiere usar estas experiencias dolorosas para entrenar nuestro espíritu y que alcancemos madurez. Estas son parte de su propósito eterno y su plan para moldearnos y conformarnos a la imagen de Jesús, para que Él pueda glorificarse en nuestra vida.

Esta perspectiva nos ofrece esperanza, nos anima y nos da fuerza para perseverar, al saber que hay un fin y que vemos una meta que vale la pena; nos capacita para soportar el dolor y aceptar cualquier proceso que Dios considera necesario para nuestro aprendizaje y crecimiento. Y este es el camino hacia la integridad, la sanidad y el bienestar espirituales. Esto es exactamente lo que el autor de Hebreos nos dice también:

> Por lo cual, levantad las manos caídas y las rodillas paralizadas; y haced sendas derechas para vuestros pies, para que lo cojo no se salga del camino, sino que sea sanado (vv. 12-13).

Dios tiene un propósito con esto. Puedes confiar en Él. De hecho, su voluntad de participar en tu vida, aun como un Padre que disciplina, nos muestra no su desaprobación sino su amor. Cuando lo recibimos con un corazón sensible y sumiso, la disciplina de Dios nos asegura que estamos en relación con Él, que le pertenecemos a Él.

En lugar de resentirnos contra las personas que Dios usa como instrumentos para nuestra disciplina o de responder de forma pecaminosa a los problemas que enfrentamos, este es el reto que tenemos por delante:

Seguid la paz con todos, y la santidad, sin la cual nadie verá al Señor (v. 14).

Enseguida el autor nos recuerda la provisión de Dios para enfrentar las circunstancias dolorosas de la vida, y lo que nos sobrevendrá si no recibimos y no nos apropiamos de dicha provisión:

Mirad bien, no sea que alguno deje de alcanzar la gracia de Dios; que brotando alguna raíz de amargura, os estorbe, y por ella muchos sean contaminados (v. 15).

Cuando somos lastimadas, sin importar cuán seria haya sido la ofensa o profunda la herida, Dios ofrece su gracia para ayudarnos a enfrentarla y perdonar a quien la cometió. En este punto tenemos dos opciones: podemos reconocer nuestra necesidad y en humildad buscarle para recibir su gracia para perdonar y liberar al ofensor, o podemos resistirle, quedarnos sin su gracia y aferrarnos a la herida.

Si tomamos el último camino, la amargura echará raíces en nuestro corazón. A su tiempo, esa raíz brotará y nos causará problemas a nosotras y a quienes nos rodean, los cuales serán afectados por nuestro espíritu rencoroso.

El versículo 16 amplía este concepto al ilustrar una manera como se manifiesta usualmente la amargura en la vida de las personas: "no sea que haya algún *fornicario*, o profano, como Esaú, que por una sola comida vendió su primogenitura".

Una y otra vez, he interactuado con personas cuyo pecado sexual puede estar vinculado a una raíz de amargura (como lo están muchos otros pecados y problemas). El espíritu de una muchacha se hiere por tener un padre abusivo o ausente, y en lugar de buscar la gracia de Dios, se resiente con su papá y busca amor en la cama con su novio. Un joven que ha sufrido el acoso de un hombre adulto o no recibe el afecto varonil apropiado de su papá; este, al no buscar la gracia que Dios ofrece, se vuelve amar-gado y se inclina a relaciones ilícitas con otros hombres para tratar de saciar las necesidades insatisfechas de su corazón. Un hombre que no se siente respetado por su esposa (o una mujer, abandonada por su esposo); ellos, en vez de volverse a Dios para alcanzar gracia, se vuelven susceptibles a las insinuaciones de un colega de trabajo o a otro pecado sexual.

Ellos venden su primogenitura espiritual, ¿a cambio de qué? A cambio de esclavitud, perversión, vergüenza, generaciones de vidas y hogares deshechos. Lo he visto una y otra vez.

Cuando a esa raíz de amargura se le ha permitido brotar, sus vidas —y quién sabe cuántas más— se alteran y contaminan.

Esto fue lo que le sucedió a un hombre conocido que, junto con su esposa, habían servido al Señor y disfrutado de un ministerio fructífero por muchos años. Sin embargo, por un tiempo, "Daniel" permitió que semillas de orgullo espiritual y autoengaño echaran raíces de manera sutil en su corazón. Como él dijo hace poco, al recordar aquellos días: "Lo que yo no sabía era que estaba exponiéndome a la amargura y al perjuicio propio".

Sin duda, cuando algunas oportunidades ministeriales no se hicieron realidad como él esperaba, Daniel llegó a resentirse contra Dios. Al no apropiarse de la gracia de Dios para lidiar con la desilusión, abrió la puerta para que la amargura avanzara de forma lenta; primero hacia el Señor, después en su relación con su esposa. Durante un tiempo, él cerró su corazón a ambos (al Señor y a su esposa), momento en el cual el enemigo aprovechó la oportunidad y comenzó a bombardearlo con tentaciones hacia la lujuria.

Después de haber escogido resistirse a la gracia de Dios, se convirtió en presa fácil. Cuando la tentación se intensificó aún más y él sucumbió, culpó a Dios y se volvió más amargado. "Parecía que las personas no me entendían como antes, y que Dios ya no me respondía —dijo él—. El problema era que, en mi orgullo y engaño propio, estaba lleno de amargura y le había abierto la puerta a todo tipo de impurezas".

La gracia está ahí, porque Él está ahí.

Fue solo cuestión de tiempo que esa raíz de amargura se convirtiera en un franco adulterio. "Lo que supe después fue que había desechado todo lo que sabía que era bueno y correcto". Para este hombre, lo incorrecto se volvió correcto, lo malo se volvió bueno, lo oscuro llegó a ser blanco.

Ahora que él está deshecho, arrepentido y en el proceso de restauración después de una larga y dura estancia en "un lugar lejano", Daniel mira atrás y dice: "Me siento consternado por lo que mi *orgullo* espiritual y mi *amargura* me llevaron a cometer".

Se observa una progresión similar en el caso de Carmen, la joven que mencioné al principio de este capítulo. En lugar de recibir la gracia de Dios para enfrentar con perdón las heridas de la niñez, ella permitió que una raíz de amargura brotara en su vida. Al hacerlo, le dio lugar a Satanás; un punto de apoyo, justo la oportunidad que él quería.

Durante su niñez y luego como estudiante en una universidad cristiana, ella llegó a ser atormentada por voces y apariciones demoníacas, y cayó en varios tipos de prácticas ocultistas y sexuales demasiado abominables para describirlas. Estando en eso, por poco termina con su propia vida y además, como consecuencia de su comportamiento autodestructivo, perjudicó a cuantos encontró a su paso.

Carmen ahora reconoce que su falta de perdón la condujo a perder la gracia que Dios quería darle para enfrentar el dolor sufrido en la infancia, y al hacerlo, le cedió mucho terreno en su vida al enemigo.

Solo por la gracia de Dios y el empeño de creyentes llenos de misericordia que han intentado rescatarla, esta joven se recupera y comienza a encontrar la libertad a través del perdón.

Un motivo para perdonar

Una "raíz de amargura" puede parecer poca cosa. De hecho, dadas las circunstancias, puede parecer muy comprensible y justificable. Pero créeme que no es un asunto pequeño. Si se ignora y no se trata, su veneno te afectará e infectará a ti y a otros más allá de lo que hayas imaginado alguna vez.

Cuando eres difamada o injuriada sin razón por las acciones de otros —tal vez un pariente, un empleador, o alguien con quien asistes a la iglesia—, puedes sentir que la amargura es un derecho; esta puede convertirse en tu zona de seguridad. Puede que te sientas incapaz de emitir otra respuesta. No obstante, es una posición condenada al fracaso.

Esto no solo es pecado, también es absurdo.

La cura para la amargura es confiar en las manos y el corazón del Señor y "[acercarnos...] confiadamente al trono de la gracia, para alcanzar misericordia y hallar gracia para el oportuno socorro" (He. 4:16). Sí, la gracia está ahí, porque *Él* está ahí.

Por medio de estas circunstancias —no importa cuán dolorosas o difíciles— tienes el potencial y la oportunidad de ser hecha más como Cristo. Este es el propósito más elevado del Padre para tu vida: que llegues a ser hecha conforme "a la imagen de su Hijo" (Ro. 8:29). Aun Jesús mismo, por el propósito y el plan divino del Padre, fue perfeccionado "por aflicciones" (He. 2:10), no solo para obtener nuestra salvación eterna sino también para saber qué sentimos cuando nos maltratan, cuando se aprovechan de nosotros o no nos entienden, cosas que también te han ocurrido a ti.

La raíz de amargura invadirá cada rincón de tu vida si se lo permites. Pero Dios te invita, te *apremia*, a alcanzar y recibir su gracia. Si lo haces, tu corazón será libre de la cárcel de la falta de perdón; serás libre para amar y servirle a Él y a otros. Nunca más esta raíz de amargura te afligirá ni "contaminará" a los demás. Antes bien, su gracia pasará a otros por medio de ti, para bendecir todo lo que tocas.

REFLEXIÓN PERSONAL

- Mientras leías este capítulo (en especial las afirmaciones en pp. 45-46), ¿te mostró el Señor alguna raíz de amargura o falta de perdón en tu corazón? En caso afirmativo, ¿cómo se ha manifestado esa amargura? (p. ej., los pecados enumerados en Efesios 4:31)?

- ¿Puedes identificar algunas tensiones o presiones crónicas en tu vida (ya sean físicas, emocionales, mentales, relacionales, financieras) cuyo origen podría ser un espíritu rencoroso o amargado? Pídele al Señor que te muestre si existe esa conexión.

- ¿Puedes identificar en tu vida alguna de las siguientes manifestaciones de una raíz de amargura (pasada o presente)?

  - Te ha afectado tu capacidad para experimentar el amor y el perdón de Dios.
  - Satanás ha logrado tener asidero en tu vida.
  - Tus semejantes han sido "contaminados".

- ¿En qué área de tu vida necesitas recibir la gracia de Dios para evitar que brote esa raíz de amargura en tu corazón? ¿Clamarás a Él para recibir su gracia en esa área?

La palabra griega traducida "perdón" significa literalmente "liberar". El perdón es nuestra decisión de liberar a una persona de una obligación por un mal cometido contra nosotros.

—*Dr. Tony Evans*

CAPÍTULO TRES

LA PROMESA DEL PERDÓN

Tengo edad suficiente para recordar cuando hice la transición de un procesador de textos a una computadora personal. Pero una cosa que aprendí a las malas fue el significado de ese pequeño botón marcado DEL.

Correcto. La tecla de borrar. (Supongo que sabes a dónde va esto).

Al igual que tú, puedo recordar momentos en los cuales trabajaba en mi computadora y presioné sin querer ese botón, solo para ver que toda mi ardua labor desapareció, dejando una pantalla de palabras olvidadas, ahora en blanco.

Claro, sé que los diseñadores de programas informáticos han pensado de antemano en personas como yo, para asegurarse de poner un pequeño aviso intermitente que me pregunte si estoy segura, *completamente segura,* de querer deshacerme de una sola vez del trabajo de medio día. Con todo, he sabido pasar por alto sus amables advertencias y seguir adelante, para perder todo mi trabajo. Es fácil de hacer.

Desearía que en la vida real la tecla de borrar fuera tan fácil de presionar.

En muchos sentidos, lo que sucede cuando eliminamos un documento de la computadora se asemeja a lo que ocurre cuando perdonamos de corazón a alguien que nos ha ofendido: borramos la ofensa, limpiamos el historial, actuamos como si el pecado nunca hubiera ocurrido. ¿No es así como Dios nos ha perdonado a nosotros? ¿Y no es así como nos dice que perdonemos a otros? "De la manera que Cristo os perdonó, así también hacedlo vosotros" (Col. 3:13).

La Palabra de Dios dice que Dios ha perdonado a los creyentes "todos los pecados, anulando el acta de los decretos que había contra nosotros, que nos era contraria, quitándola de en medio y clavándola en la cruz" (Col. 2:13-14).

En una época, el "acta" estaba ahí para acusarnos, descubrir nuestras faltas y justificar su ira legítima contra nosotras. Sin embargo, con solo presionar la tecla de borrar, nuestro santo y misericordioso Dios lo borró todo. Nada quedó archivado en la nube. Nada quedó impreso en papel. Nada quedó guardado en una carpeta separada o en un archivador por si un día resultaba útil volver a sacarlo.

Todo quedó borrado, para siempre. Todo en virtud de la muerte de Cristo en la cruz en nuestro lugar. La deuda fue cancelada.

Eso fue lo que Dios hizo con las ofensas que habíamos cometido contra Él. Y es lo que nos pide hacer con los pecados que otros cometen contra nosotras.

Creo que a la mayoría de nosotras nos gustaría llegar a ese punto en lo que respecta a nuestras relaciones y al dolor que ellas han traído a nuestra vida. Nos encantaría ver cómo desaparecen el dolor y la amargura, un borrón y cuenta nueva, un asunto concluido.

No obstante, el problema es que sabemos que presionar un botón no hará desaparecer todos los sentimientos. Tampoco reparará todo el daño causado ni restaurará todo a su estado inicial. Así que, ¿por qué intentarlo a pesar de eso? ¿Por qué exponernos a la desilusión, dejando quizás la puerta abierta para que esto se repita y nos dañe todavía más? ¿Para qué afligirse en procurar el perdón si esto no borrará las huellas de nuestro corazón, al menos no por un buen tiempo?

¿Por qué Dios nos pediría tal cosa?

Por una promesa.

Detrás de la espalda del Señor

Sí, más que cualquier cosa que podamos decir sobre el perdón, esta verdad parece describirlo bien: *el perdón es una promesa*, una promesa de nunca mencionar otra vez aquel pecado contra aquella persona, ni a Dios, ni a quien lo cometió, ni a nadie más. Es la decisión deliberada de enfrentar el pecado de otro eliminándolo, presionando la tecla de borrar, limpiando nuestra pizarra. Con la promesa del perdón, renunciamos a nuestro "derecho" de castigar al ofensor o de hacerle pagar por lo que hizo. Su historial quedó en blanco.

De vez en cuando viene una mujer y dice: "He perdonado a mi esposo" o "he perdonado esto y aquello", y luego empieza a enumerar todas las injurias que esa persona ha cometido contra ella. Si bien puedo felicitarla por reconocer lo que ella necesita hacer, sus propias palabras revelan que, en realidad, no ha perdonado por completo, porque el perdón es una promesa.

Es una promesa que Dios nos ha hecho: "Cuanto está lejos el oriente del occidente, hizo alejar de nosotros nuestras rebeliones" (Sal. 103:12). Sí, lo que le hicimos a Él fue real. Lo que *seguimos* haciéndole a Él es real. No obstante, por la sangre expiatoria de su Hijo, Dios ha escogido no recordar nuestras ofensas. Él les ha dado la espalda.

Esta es una promesa con la que podemos contar hasta la eternidad.

El perdón es, en verdad, el tema central, el corazón mismo del evangelio. Incluso nuestras excusas para *no* perdonar nos llevan siempre a la cruz, al lugar donde el perdón fue aplicado de manera perfecta, no para unos cuantos que siguieron todos los pasos indicados para merecer del perdón, sino para nosotras, personas que no lo merecíamos, que no sabíamos que lo necesitábamos, ¡y que tal vez ni siquiera lo queríamos!

Más que nadie, nosotras debemos apreciar la dicha del perdón... conscientes del inmenso tesoro que hemos recibido al ser perdonadas de manera pura y perfecta.

Sin embargo, más allá de esto, cuando extendemos a otros el perdón que Cristo nos ofreció en la cruz, reflejamos la misericordia y la gracia de Dios a un mundo que con tanta desesperación necesita ser perdonado.

"¿Puedes perdonar a los alemanes?"

Ernest ("Ernie") Cassutto fue un judío holandés que, tras dos años y medio de huir y esconderse, al final fue capturado por los nazis, otra triste víctima de la locura que barrió a Europa durante la Segunda Guerra Mundial. Su prometida Hetty, quien, al igual que Ernie había llegado a la fe en Cristo, fue también rodeada y capturada, y su destino final fue la cámara de gas de Auschwitz.

En su emocionante libro *El último judío de Rotterdam*,[1] Ernie comenta que en un día interminable se arrodilló en el piso de su celda y leyó su Biblia. Llegó al pasaje en el cual tres jóvenes amigos de Daniel (Sadrac, Mesac y Abed-nego) fueron lanzados a un ardiente horno donde el Señor mismo se les unió. De repente, él dijo: "El 'cuarto hombre' estuvo conmigo también. Nadie, ni siquiera los nazis pudieron dejarlo fuera. Jesús se encontró conmigo en mi celda y quería preguntarme algo: '¿Puedes perdonar a los alemanes, Ernie? ¿Puedes orar por ellos y amarlos?'".

Los hombros de Ernie se pusieron rígidos. "¿Perdonarlos? ¿Amarlos? Jesús, ¿cómo puedo? Ellos me han hecho prisionero. Han asesinado a Hetty. ¿Perdonarlos? Es demasiado para mí, Señor".

Sin embargo, en el doloroso silencio que resonaba en las paredes de su prisión, fragmentos de recuerdos comenzaron a relampaguear en su mente. Pudo ver la página del diario de Hetty donde ella había escrito las palabras de Mateo 5:44: "Amad a vuestros enemigos... y orad por los que os persiguen". Pensó en Jesús, humillado, torturado y cubierto de sangre por el odio humano, el mismo Jesús que perdonó a sus asesinos desde la cruz, el mismo que ahora le pedía que perdonara otra ofensa inconcebible.

"No puedo, Señor". En realidad, ¿qué más puede decir un hombre? ¡Cuán imposible es el perdón de esa magnitud! Luego añadió: "Pero si tú me ayudas, lo intentaré. Por favor, ayúdame".

Y, una por una, las cadenas de odio, ira y amargura comenzaron a romperse en el corazón de Ernie, quien experimentó mejoría. Casi podía sentir en su cuerpo una nueva libertad de movimiento, el alivio de haberse despojado del peso de su carga, porque, aunque seguía preso de los alemanes, Ernie era libre.

Años después explicó: "Un hebreo más que fue librado del horno de fuego".

Un día después de la guerra y de su liberación, Ernie recibió una llamada telefónica de la esposa del comandante que había supervisado la prisión donde él había estado. El hombre estaba enfermo en ese momento y muriendo de una enfermedad contagiosa. La esposa de él quería que Ernie lo visitara.

¿Sí? ¿No?

Solo podemos imaginar el abismo entre estas dos respuestas y con cuánta fuerza su corazón se inclinaba a la negativa. Ernie ya había perdonado, había renunciado a su odio. Esto debía ser suficiente. ¿Volver a mirar esos ojos malvados otra vez, o peor aún, correr el riesgo de contagiarse de la misma infección y encarar de nuevo la muerte? ¿Sí o no?

Mientras luchaba con su dilema, su padre lo exhortó: "Jesús nos dice que debemos perdonar a nuestros enemigos. Ve a verlo".

Ernie fue.

Y allí estaba, el que fue en un momento su despiadado captor, ahora débil y luchando para respirar. Ernie trató de hablar pero las palabras no salieron. En ese momento "una voz dentro de mí me instó: 'Anda y bésalo'".

"No podía creer lo que había escuchado. ¿Besarlo?".

Pero la voz no se callaba. "Bésalo. Yo te voy a proteger".

Ernie recuerda: "Con aprehensión me incliné y besé su frente. Él estalló en lágrimas. Y mientras lloraba, se disculpaba una y otra vez por el daño que había hecho. Entonces comprendí que él no solo necesitaba mi perdón, sino la misericordia de Dios. Le hablé acerca de Jesús, de cómo el Mesías judío murió para expiar los pecados del mundo".

Y justo allí, en ese momento, Ernest Cassutto guio a Jesús a su anterior verdugo.

Al alejarse, Ernie pensó de nuevo en aquellas palabras de Mateo 5:44: "El Señor me enseñó otra lección acerca de cómo amar a mi enemigo... y esta vez le enseñó incluso a mi enemigo a amarme".

Tú sabes tan bien como yo, que una experiencia como esta no puede fingirse o fabricarse. De hecho, para un sobreviviente del Holocausto, para ti y para mí, el perdón es una experiencia sobrenatural. No es algo que podemos hacer nosotras mismas. Corrie ten Boom, una mujer que enfrentó los mismos retos en ese mismo periodo de la historia, escribió también en *El refugio secreto*: "La sanidad del mundo no depende de nuestro perdón, ni de nuestra bondad, sino de los del Señor".[2]

Por eso, aunque el perdón es costoso, no está fuera del alcance de quienes tienen vida de Cristo fluyendo en su interior. Cuando Dios nos dice que amemos a nuestros enemigos, también nos da el amor para llevar a cabo el mandamiento.

Sí, tú puedes hacerlo... porque *Él* puede.

Es una promesa.

Perdonar lo imperdonable

¿Enfrentas una situación en la cual el perdón parece imposible? Quizás pienses: "Es que no puedo perdonar a esta persona por lo que me ha hecho. Es demasiado doloroso para enfrentarlo. Lo ha hecho demasiadas veces, me ha herido demasiado hondo".

No me atrevería a negar ese "dolor profundo". Si me contaras tu historia a mí o a un amigo íntimo, lo veríamos en tus ojos, lo oiríamos en tu voz, sabríamos que ese pecado te ha dañado en un lugar profundo y delicado.

Sin embargo, debes preguntarte a ti misma, como todas debemos cuestionarnos: "¿Mi capacidad o disposición para perdonar se basan en la magnitud de la ofensa?". En otras palabras, ¿existe un nivel de dolor que nos exime de perdonar, o tal vez uno que hace *imposible* el perdón?

Las Escrituras nos recuerdan que Dios "echará en lo profundo del mar todos nuestros pecados" (Mi. 7:19). No algunos, sino todos.

En lo que respecta al perdón, nuestro Señor nunca nos mandaría hacer algo para lo cual no nos facultara también.

Esto incluye pecados como la burla, el oprobio y los insultos de aquellos que lo "escarnecen" a Él (Sal. 22:6-7), quienes desprecian por completo su carácter, su persona, su razón para vivir (Is. 53:3). Una cosa es caer mal, y otra ser despreciado, odiado, escupido, ridiculizado, humillado, traicionado y que le deseen la muerte a uno. A estos pecados se suman los de todas nosotras, los que conocemos muy bien y que añadieron a la culpa que Jesús soportó en la cruz.

Con todo, es el mismo Dios que "borra tus rebeliones" y "no se [acordará] más de tus pecados" (Is. 43:25), quien nos encontró "muertos en pecados" y nos "dio vida juntamente con Cristo" por su "gran amor con que nos amó" (Ef. 2:4-5).

Es posible que no sientas ningún "gran amor" natural por la persona que arruinó tu vida, por quien pisoteó tus votos matrimoniales, abusó de ti de pequeña, o te juzgó mal por el color de tu piel.

Nadie esperaría eso de ti.

No obstante, el poder y la belleza de la vida cristiana transformada radican en que "Dios es el que en vosotros produce así el querer como el hacer, por su buena voluntad" (Fil. 2:13).

Nunca será la profundidad de tu amor lo que te llevará a perdonar semejantes actitudes y actos despiadados. Nunca tendrás un poder interior que te permita pasar por alto las malvadas mentiras y las excusas descabelladas de quienes te han hecho desconfiar de casi todo el mundo. Será, y *solo* puede ser, el amor de Cristo impartido a tu corazón de creyente, lo que cambiará tu debilidad por la fuerza de Él.

Y puesto que Él nos ha perdonado, y en virtud de su vida ilimitada que ahora mora en nosotras, *¿qué ofensa es demasiado grande para que la perdonemos?*

C. S. Lewis dijo: "Ser cristiano significa perdonar lo imperdonable, porque Dios ha perdonado lo imperdonable en nosotros".[3] En lo que respecta al perdón, nuestro Señor nunca nos mandaría hacer algo para lo cual no nos facultara también, o que Él mismo no hubiera hecho ya.

Hacerlos pagar

Esta es otra idea que puede rondar en nuestra mente cuando insistimos en no perdonar: "Si los perdono, ¡entonces van a quedar impunes!".

A veces sentimos que si perdonamos a alguien no se hará justicia, que nuestros ofensores se salvarán del castigo. Es decir, que no haremos más que darles permiso para volver a cometer maldades al ver con qué facilidad les dejamos salirse con la suya esta vez.

Desde una perspectiva humana, esto parece lógico. Sin embargo, debemos renovar nuestra mente para pensar como Dios piensa. Según su Palabra, los malvados tendrán su justo merecido, pero no somos nosotras las responsables de imponer el castigo:

> No os venguéis vosotros mismos, amados míos, sino dejad lugar a la ira de Dios; porque escrito está: Mía es la venganza, yo pagaré, dice el Señor (Ro. 12:19).

Cuando tratamos de mantener a alguien "atrapado", usurpamos el papel que solo le pertenece a Dios. Así intentamos conservar en nuestro poder las llaves de la prisión, o deseamos supervisar la manera de administrar justicia. Se trata de aquella vieja y mala costumbre de cobrar deudas.

Repasa las palabras de Romanos 12: "No os venguéis vosotros mismos... dejad lugar a la ira de Dios... Mía es la venganza, yo pagaré, dice el Señor". Esto es lo que dice Pablo: soltar al ofensor no significa que se le escapará a Dios. El perdón libera al acusado de tu custodia y lo entrega a Dios, el Juez justo, el único que es capaz y responsable de impartir justicia.

Y entonces, lo que se percibe como el colmo de la injusticia, lo que parece ser nada más que eximir a nuestro ofensor de su castigo, se vuelve en realidad para nosotras un paso a la libertad.

La historia de José relatada en los últimos capítulos de Génesis constituye una de las ilustraciones bíblicas más conmovedoras de esta verdad. Después de haber sido agraviado una y otra vez a lo largo de su vida, de ser malinterpretado, tratado injustamente y acusado falsamente siendo niño y también hombre, José llegó a un momento en su vida en el cual pudo haber desahogado toda su venganza en quienes empezaron todo su suplicio: sus hermanos. José tenía el derecho, la autoridad y todos los medios a su disposición para llevarlos a la justicia. De hecho, ellos temblaban de miedo a sus pies, esperando esto. Se había acabado el espectáculo.

Pero escucha la respuesta de José a sus aturdidos hermanos: "No temáis; *¿acaso estoy yo en lugar de Dios?*" (Gn. 50:19).

¡Qué sabias y humildes palabras! *¿Acaso estoy yo en lugar de Dios? ¿Me corresponde a mí pagarles por lo que han hecho? ¿Acaso quiero añadir otra carga a todo mi suplicio? ¿No es una tontería pensar que la venganza sea tan dulce como dicen, lo suficiente para reparar el dolor de todos estos años?*

Quiero aclarar algunos puntos importantes aquí: la enseñanza bíblica de perdonar a quienes pecan contra nosotras no minimiza la seriedad de sus pecados ni da a entender que sus actos sean *correctos*. Tampoco hace pensar que debamos permitir a sabiendas que la persona siga pecando, o eximirla de las consecuencias de su maldad.

Tomemos, por ejemplo, el abuso físico o sexual, otros comportamientos delictivos o prácticas poco éticas en el lugar de trabajo. Dios ha establecido estructuras de autoridad tanto en el ámbito civil como en el eclesiástico, y les ha dado la responsabilidad de tratar con las fechorías. Es correcto (y de hecho necesario en casos de abuso u otra actividad ilegal) denunciar a los infractores a las autoridades competentes que pueden hacerles responsables de lo que han hecho, aplicar las consecuencias y evitar que dañen a otras personas en el futuro.

No obstante, si al hacerlo tu corazón está amargado y vengativo, si estás obsesionada con la venganza y deseas en tu interior ver la ruina de esa persona, entonces todavía insistes en controlar la situación. Aun si logras entregar al ofensor a la justicia, no podrás experimentar la libertad que Dios ofrece. En realidad, estás siendo apresada por tu ofensor.

Es verdad que en la vida a veces tenemos que lidiar con personas necias. Recuerdo, por ejemplo, la historia de Abigail y Nabal en el Antiguo Testamento, un hombre cuyo nombre significaba en realidad "necio". David (que todavía no era el rey) había enviado mensajeros a Nabal, solo para pedirle la justa remuneración por proteger los rebaños y el ganado de aquel hombre. Pero este expulsó a los hombres de David de su propiedad, insultándolos además para apresurar su partida.

Al escuchar este reporte, David se enojó. Le ordenó a sus hombres que alistaran sus espadas y fueran a buscar la revancha. Cuando Abigail se dio cuenta de lo que pasaba, se apresuró a defender a su necio esposo, para interceder por su bien aun cuando probablemente él se merecía todo lo que David planeaba hacerle.

Cuando lees la historia completa en 1 Samuel 25, puedes ver que Abigail no negó ni justificó la manera en que su esposo le respondió a David. Ella no defendió su comportamiento necio. Tampoco trató de derribarlo ni buscó aliados para sí. Ella no negó el tipo de hombre que era Nabal, pero actuó en su favor, para procurar la clase de bendición y protección que él hubiera buscado para sí mismo si estuviera en su juicio cabal.

Por favor, escúchame: no quiero decir que a toda costa debamos proteger a otros de las consecuencias de sus acciones, o aceptar lo que ellos nos infligen y quedarnos sin hacer nada.[4]

Lo que digo es que no nos corresponde a nosotras acelerar su juicio delante de Dios. Él tratará con los Nabales que se cruzan en nuestro camino. De hecho, Él se ocupó de este Nabal. Cuando Abigail regresó a encontrarse con su esposo ebrio y le dijo lo que había hecho, su corazón desfalleció de la conmoción. Al cabo de diez días, murió.

En cambio, esta sabia y prudente mujer pudo vivir sin remordimiento, al saber que no fue ella quien provocó la destrucción de su esposo. Vivir con un necio no la obligaba a actuar de la misma manera.

Proverbios 11:21 dice: "Tarde o temprano, el malo será castigado; mas la descendencia de los justos será librada". Debemos buscar la sabiduría de Dios (y quizás pedirle consejo a un pastor o a otro creyente maduro) para enfrentar día a día los Nabales en nuestra vida. Sin embargo, debemos recordar que el problema real de ellos es con Dios. Él les dará su merecido.

El amor de Dios... y el de Lorna

Hace varios años conocí a una preciosa mujer llamada Lorna Wilkinson, cuyo esposo —no muy diferente de Nabal— había traído mucha discordia y recelo a su matrimonio. Su esposo era alcohólico, y su condición había empeorado con los años, trayendo consigo toda la problemática que suele acompañar al abuso de sustancias: presiones financieras, irresponsabilidad, el caos de no poder contar nunca con él, de nunca saber si estaría donde dijo que estaría.

Así sucedió por veintiún largos años, siempre con la esperanza de que las cosas mejoraran y que él cambiara. Al final, Lorna decidió que había sufrido suficiente. Llegó a la conclusión de que el divorcio era la única salida, la mejor forma que ella conocía para rescatar lo que quedaba de su vida.

Así que dio el paso. Llenó todos los papeles burocráticos, le pidió que se fuera y se preparó para seguir adelante.

Ella todavía no era creyente. Pero de manera providencial, justo en esa disyuntiva crítica en su vida, sintonizó "por casualidad" un programa de radio de Aviva Nuestros Corazones, en el cual yo enseñaba acerca del perdón. Su corazón quedó cautivado al aprender acerca del asombroso perdón que Dios ofrece por medio de Cristo, de la forma en que Él se ocupa de nuestro pecado liberándonos completamente y capacitándonos así para extender a otros la misma clase de perdón.

Día tras día, esta mujer desesperada escuchaba el programa, con un corazón sediento que bebía de la verdad de la Palabra. En poco tiempo, sus ojos fueron abiertos y llegó a la fe en Cristo.

Sin embargo, su divorcio seguía adelante... hasta el día en que sonó su teléfono. Era su esposo, para contarle que estaba enfermo.

"En ese tiempo, todavía me sentía frustrada y enojada en cierto grado —confiesa ella—. Le pregunté: '¿Por qué me llamas? ¿Por qué no llamas al número de emergencias?'".

Su esposo lo hizo y justo a tiempo, pues sufría un ataque al corazón.

Toda la familia comenzó a reunirse en el hospital, y se preguntaban si sobreviviría. Al escuchar esto, una parte de ella quería acompañarlo, aunque otra quería terminar con él. Con todo, en algún lugar del fondo de su corazón, el Señor parecía decirle: "Ve a susurrar al oído de tu esposo que no tiene que preocuparse por un lugar donde vivir. Dile que puede regresar a casa".

Ese día, en medio de un enredo de tubos, cables y otros dispositivos para salvarle la vida, Lorna le dio a su esposo el regalo más revitalizante: el regalo del perdón.

Por la gracia de Dios, él se recuperó, volvió a casa y era un hombre transformado. De forma milagrosa, no sintió más el deseo de fumar o beber. Consiguió un empleo a tiempo completo y comenzó a trabajar con fidelidad para proveer para su familia. Un amor renovado llegó a su hogar, un deseo de orar y adorar, y de centrarse en prioridades duraderas. Hubo flores, tarjetas postales, cenas íntimas a la luz de las velas. Todo.

A principios del proceso de restauración, hubo momentos en los que esos viejos sentimientos invadían de nuevo el corazón de Lorna. "Señor, no puedo hacerlo —clamaba en oración—. No puedo amarlo como tú me pides que lo haga. Pero te pido, Señor, que me des de tu amor, para dejarlo fluir por medio de mí hacia este hombre".

Y el amor de Dios comenzó a disipar poco a poco los recuerdos horribles. Una por una, comenzó a encarnar cada frase que describe el amor en 1 Corintios 13: "El amor es sufrido, es benigno... no se goza de la injusticia, mas se goza de la verdad. Todo lo sufre, todo lo cree, todo lo espera, todo lo soporta".

A medida que el amor de Dios llenaba su hogar, Lorna y su esposo empezaron a gozar el tipo de matrimonio con el que siempre había soñado, pero había perdido la esperanza de tener. De hecho, cuatro meses después de su reconciliación, el esposo de Lorna la despertó temprano en la mañana para decirle: "Ahora sé que un hombre debe amar a su esposa de la misma manera que Dios nos ha amado a nosotros. Quiero decirte, Lorna, en este momento, que te amo de esa manera".

Aun cuando no puedas ver los resultados de perdonar, puedes estar segura de haber hecho lo que Dios requiere de ti.

Ella jamás hubiera esperado oír esas palabras de los labios de su esposo. Horas después, un segundo ataque masivo al corazón lo llevaría a su hogar para estar con el Señor.

Imagina dónde estarían Lorna y sus hijos hoy si ella hubiera escogido el camino lógico, la actitud natural, la senda de la venganza, que es el amargo sendero de la falta de perdón. Imagina las vidas que todavía sufrirían confusión, y el remordimiento que hubiera sentido de por vida.

Pocos años después de la muerte de su esposo, yo estaba sentada en un estudio, escuchando con lágrimas mientras Lorna relataba su historia en una entrevista radial.

"No te des por vencida en tu matrimonio —instó a las oyentes—. No te rindas con tu esposo. Preséntalo al Señor en oración y siempre recuerda: lo que tú no puedes hacer, Él lo hará por ti y en ti".

La tecla de borrar

No puedo decirte con exactitud cuántas personas me han escrito o me han respondido para decirme que, por la gracia de Dios, ellas han escogido, como Lorna, presionar la tecla de borrar... para perdonar y borrar toda culpa.

¿Esto ha arreglado todo de manera automática en sus vidas? No. ¿Ha cambiado en algo sus circunstancias? No siempre. No de forma inmediata.

En realidad, no todos los matrimonios encuentran solución como el de Lorna, incluso si se perdona. Pero aun cuando no puedas ver los resultados, aunque la situación no pueda esclarecerse del todo o mejorar, puedes estar segura de haber hecho lo que Dios requiere de ti. Puedes *seguir* perdonando a medida que su gracia y amor fluyen por medio de ti. Y puedes vivir en paz, en la paz de Dios.

Como escribió Pablo en Filipenses 4:7: la paz de Dios "guardará" tu *corazón*, es decir, tus sentimientos y emociones; "guardará" tu *mente*, tus pensamientos, tus decisiones. Así será, porque su paz obra poderosamente en tu vida por medio de "Cristo Jesús", quien sabe lo que significa —y lo que cuesta— perdonarlo todo.

Esta es la promesa de Dios para ti.

REFLEXIÓN PERSONAL

⌖ ¿Hay algún "Nabal" en tu vida que necesitas encomendar a Dios? ¿Cómo puedes reaccionar de una forma que demuestre perdón, valor, sabiduría y fe?

⌖ ¿Qué temores, sentimientos o reservas pueden haberte impedido perdonar a alguien que ha pecado contra ti? ¿Qué dice la Palabra de Dios acerca de esas inquietudes?

⌖ "El perdón es una promesa. Una promesa de nunca mencionar otra vez aquel pecado contra aquella persona, ni a Dios, ni a quien lo cometió, ni a nadie más". Según esa descripción, ¿hay alguien a quien debes perdonar? ¿Puedes presionar la tecla de borrar y dejarlo ir?

DIGO PARA LA GLORIA DE DIOS, Y EN ABSOLUTA

HUMILDAD, QUE CUANTAS VECES ME VEO DELANTE

DE ÉL Y DESCUBRO ALGO MÁS DE LO QUE

MI BENDITO SEÑOR HA HECHO POR MÍ,

ESTOY LISTO PARA PERDONAR A CUALQUIERA

LO QUE HAYA HECHO.

—D. Martyn Lloyd-Jones

CAPÍTULO CUATRO

PERDONAR POR CAUSA DE JESÚS

Durante muchos años pertenecí a un equipo que dirigía reuniones de avivamiento en iglesias locales por todos los Estados Unidos.[1] Recuerdo una iglesia en particular donde el Espíritu de Dios se movió de una forma especial, trayendo a muchos miembros de la iglesia al quebrantamiento y al arrepentimiento. Durante esas semanas, un médico sintió una fuerte convicción y al final le confesó a su esposa su secreto mejor guardado y más desolador: que había caído en una relación adúltera con una enfermera de su consultorio.

Tal vez hayas pasado por la misma situación que enfrentó esta esposa. Tal vez te *encuentras* ahí mismo. Y el trauma, la traición, la desgracia y el egoísmo por todo esto aún causan dolor en tu interior.

Creo que nadie podría saber con certeza cuál hubiera sido su primera reacción a este tipo de revelación. Esta esposa tampoco lo sabía. Por supuesto, el trauma fue inmenso y el dolor desgarrador. Pero, de alguna forma, mientras luchaba para asimilar la declaración de infidelidad de su esposo, sintió la fuerte e inexplicable convicción de que *debía* perdonarlo. No es que ella viviera en un mundo ideal de abnegación; ya que ella misma explicó después:

"¿Cómo *no* iba a perdonarlo, si Dios me había perdonado por completo?".

Aunque parezca increíble, movida por la gracia de Dios, se sentó luego a escribir una nota a la "otra mujer" para asegurarle que ya la había perdonado. Al otro día, la mujer se presentó a su puerta y exclamó con lágrimas: "Gracias a tu perdón he llegado a conocer al Señor".

¿Cómo puede esto pasar en la vida real, con personas reales que tienen sentimientos reales?

Quizás la mejor pregunta no sea "¿cómo?", sino "¿por qué?".

La reacción que debemos tener ante las personas que nos han lastimado no es una respuesta superficial ni sentimental. No es sobreponerse alegremente a la ofensa como si nada hubiera pasado.

En su clásico libro devocional *En pos de lo supremo*, Oswald Chambers nos recuerda que el punto crucial del tema del perdón es la cruz de Cristo. No hay perdón posible fuera de la cruz, y la cruz no es una cuestión trivial.

> Es pura necedad afirmar que Dios nos perdona porque Él es amor... El amor de Dios significa nada menos que el Calvario; el amor de Dios se manifiesta en la cruz, y en ninguna otra parte. El único motivo por el cual Dios puede perdonarme es la cruz de mi Señor.[2]

Somos propensas a olvidar esto. En cierto modo tenemos la idea de que Dios nos ha perdonado meramente por su bondad, solo porque Él quiso. Entonces el perdón es lo que esperaríamos de un Dios a quien no le importaría hacer un esfuerzo especial con tal de mostrarse bondadoso con nosotras.

Pero es muy diferente cuando comprendemos el fundamento

sobre el cual se logró nuestro perdón. Si estamos llamadas a perdonar a otros como Dios nos ha perdonado, entonces debemos entender cómo Él nos perdonó.

El Calvario exigió una agonía que no podemos entender de forma completa. En la cruz, Jesús llevó nuestros pecados, soportando la desgarradora consecuencia de perder su comunión con el Padre: Aquel a quien adoraba y de quien nunca se había separado. Para nosotras es imposible comprender esto en su totalidad.

En el mejor de los casos, solo podemos imaginar lo que el Padre y el Hijo tuvieron que soportar cuando, por primera vez, el costo de nuestro pecado interrumpió su relación eterna.

No obstante, fue producto de esta "tremenda tragedia", escribe Chambers, que se logró nuestro perdón: "Poner otro fundamento para el perdón constituye una blasfemia irracional".[3]

Estas son palabras fuertes, y también lo son estas: "en quien tenemos redención *por su sangre*, el perdón de pecados... Porque él es nuestra paz, que de ambos pueblos hizo uno, derribando la pared intermedia de separación" (Ef. 1:7; 2:14).

El perdón no significa ser libre así no más. Es duro. Es costoso. Es doloroso.

Sin embargo, es la única forma en que puede ser real... tan real como el perdón que Dios nos da, tan real como para cambiarnos de verdad.

¿Cómo puede ser esto?

Es probable que hayas oído que nada puede acontecer en la vida del creyente sin antes pasar por el escritorio de Dios y ser filtrado por su amor eterno y sus designios para nosotros. Desde luego, vemos esto con claridad en la historia de Job, en cuya vida Dios permitió que Satanás infligiera una medida de sufrimiento.

Por consiguiente, esto significa que Dios pudo haber detenido cualquier crisis que hayas enfrentado, o cualquier suceso en tu vida que haya podido suscitar la falta de perdón en tu corazón, pero Él no lo hizo.

Debo admitir que esta es una de las enseñanzas más difíciles de las Escrituras. No podemos desentrañar los intríngulis de cómo un Dios santo y soberano interactúa con un mundo pecaminoso para cumplir sus propósitos eternos. No obstante, uno de los versículos que tan bien conocemos y tanto repetimos revela la esperanza que encierra esta verdad, una esperanza tal que nos basta como razón para perseverar aun a pesar de nuestro entendimiento limitado: "Y sabemos que a los que aman a Dios, todas las cosas les ayudan a bien, esto es, a los que conforme a su propósito son llamados" (Ro. 8:28).

> *Si eres una hija de Dios, la prueba que enfrentas será usada para llevarte a un lugar más profundo en el corazón de Dios.*

Pero ¿cómo puede ser esto verdad? ¿Cómo podemos estar seguras? ¿Cómo es posible que algo tan malo pueda ser redimido o tener algún valor?

Al menos en parte, la respuesta descansa en el hecho de que aquellos "a los que antes conoció, también los predestinó para que *fuesen hechos conformes a la imagen de su Hijo*" (v. 29).

Si eres una hija de Dios, ten por cierto que la prueba que enfrentas, no importa cuán mala, injusta o despiadada pueda ser o pueda haber sido, será usada en sus providenciales y expertas manos para llevarte a buen término, a un lugar más profundo en el corazón de Dios, de mayor dependencia y confianza en Él, y serás más perfeccionada en la semejanza de Cristo.

Piensa de nuevo en la cruz y en sus implicaciones para aquellos que sufren (como todas lo hacemos en cierta medida) las viles consecuencias de vivir en un mundo caído. Aquí se cometió la más horrenda iniquidad jamás cometida en el universo, donde, en las justas palabras de los primeros creyentes, los hombres perversos "se unieron... contra tu santo Hijo Jesús... para hacer cuanto tu mano y tu consejo habían antes determinado que sucediera" (Hch. 4:27-28).

¿Quién habría planeado de antemano el Calvario? ¿Quién pudo prever algo bueno de semejante atrocidad?

Solo el Dios que podía ver de antemano la resurrección.

Y es el mismo Dios, que ha medido el alcance de tu dolor e injusticia, quien vigila de cerca la profundidad, la distancia y la altura de cada prueba que cada uno de sus hijos soporta, y quien no permitirá en tu vida una sola circunstancia que obstruya o desvíe el eterno y amoroso plan que ha trazado para tu vida.

Si ni siquiera el azote de la cruz le impidió completar el plan que tenía para su Hijo, ¿cómo puede alguna dificultad pasada o presente en tu vida —tan mala como pueda ser— sobrepasar su deseo o su capacidad para completar el plan que Él tiene para ti?

Amada, Él incluso la usará para culminar su obra redentora y santificadora en y a través de tu vida.

Tres lados del perdón

Tal vez la ofensa que más ha afectado tu vida, aquella que viene de inmediato a tu mente cuando piensas en la necesidad de perdonar, sea una herida del pasado lejano, una experiencia de la niñez o un choque en la adolescencia. O tal vez sea una batalla continua y persistente entre tú y tu cónyuge, o con uno de tus hijos adultos, o un familiar, o un compañero de cuarto, o un colega del trabajo. Puede que la situación se haya deteriorado tanto y haya progresado por tanto tiempo, que tu relación con esa persona esté casi rota. El solo hecho de pensar en esa persona despierta en tu interior la ira, la angustia y toda clase de emociones negativas. Evitas a esa persona y haces todo lo posible por ignorarla. Lo último que desearías es tomar el teléfono y llamarla. Tratas de no pensar en ello.

El apóstol Pablo, en la más corta de sus epístolas, nos presenta una situación con consecuencias pasadas y presentes, y en la cual se había causado perjuicio, se había acabado la confianza, y la acción de un solo hombre había causado un problema permanente.

Se trata de la historia de Filemón, un hombre de riqueza e influencia considerables que había conocido a Cristo en algún momento del ministerio de Pablo. Con el tiempo, el fruto de la fe cristiana de Filemón se hizo evidente en su vida. Pablo lo elogió como un hombre lleno de amor, que había abierto su hogar como lugar de reunión para la iglesia en su pueblo natal de Colosas. Sin lugar a dudas, este era un hombre de Dios consagrado.

Sin embargo, uno de sus esclavos, llamado Onésimo, había escapado no solo con su habilidad y trabajo sino también, al parecer, con una cantidad incierta de bienes robados. Al huir a Roma, ubicada a unos 1.900 kilómetros de distancia, Onésimo esperaba quizá perderse entre la muchedumbre y unirse a los miles de fugitivos que habían corrido el mismo riesgo.

A pesar de ello, en la omnisciente providencia de Dios, Onésimo llegó a conocer a Pablo, quien estaba en Roma en ese momento bajo arresto domiciliario en espera del juicio. Tras su conversación, el evangelio dejó su huella. El esclavo de otro tiempo se entregó a Jesucristo. Y, en vez de ser un fugitivo inútil, llegó a ser amigo y colaborador del gran apóstol Pablo.

No obstante, Pablo sabía que Onésimo no podía eludir para

siempre la responsabilidad de lo que le había hecho a Filemón. Él debía volver, pedir perdón y buscar la reconciliación. Con el fin de ayudarlo a no caer en manos de los captores de esclavos, o de ser malinterpretado a su llegada a Colosas, Pablo lo envió con un acompañante para que lo protegiera... y también una carta explicativa.

Gracias a esa carta, podemos observar el desarrollo de esta historia.

Los tres personajes principales de esta narración permiten analizar tres "factores" en la ecuación del perdón. Es probable que en varios momentos de nuestra vida desempeñemos alguno de estos roles.

Primero, vemos a Onésimo, el ofensor, que ahora regresa para enmendar los daños del pasado y buscar la reconciliación. Luego está Pablo, el pacificador, que trabaja para unir las dos partes y restaurar su compañerismo. (¡Gracias a Dios por los pacificadores!).

En la tercera posición encontramos a Filemón, el agraviado a quien se le pidió perdonar, y no solo eso, sino restaurar la continuidad de la relación con el que le había causado tanto daño y angustia. Para hacerlo, debía estar dispuesto a asimilar la afrenta y sobrellevar las pérdidas sufridas. Además, tenía que disponerse a mirar a este esclavo fugitivo con nuevos ojos, como un hermano en Cristo.

La carta no cuenta el desenlace. Pero quizás —y esto es especular un poco— la historia nos da un pequeño indicio de lo que ocurrió.

Algunas décadas más tarde, uno de los padres de la iglesia primitiva escribió una carta a la iglesia en Éfeso, en la cual se refirió al pastor que servía allí como "Onésimo, un hombre de amor inefable". Si bien no hay forma de corroborar que se trate del mismo Onésimo de la historia de Filemón, es posible que sí lo sea.

En todo caso sabemos esto: cualquier ofensor que es restaurado por la gracia de Dios no regresa simplemente al estado en que se encontraba antes de que todo sucediera. Por la gran misericordia de Dios, los pecadores culpables pueden ser declarados libres de culpa y ser restaurados a una vida más productiva de la que jamás soñaron posible.

¿No es esto lo que ha pasado con nosotras en la cruz?

Y al extender el perdón a otros ¿no deberíamos también esperar con ansias que ellos gocen de la libertad de vivir con una identidad cambiada, como nosotras la tenemos al haber sido declaradas "una nueva criatura" en virtud del perdón de Cristo? Pablo resumió esto de forma sucinta: "Y todo esto proviene de Dios, quien nos reconcilió consigo mismo por Cristo, y nos dio el ministerio de la reconciliación" (2 Co. 5:18).

Pablo conocía como nadie la maravilla de la gracia redentora y transformadora. Él, que había sido un gran blasfemo y perseguidor de Cristo y de su iglesia, había recibido el perdón de una deuda infinita que jamás hubiera podido pagar. Más que eso, había llegado a ser coheredero con Cristo, un vaso indigno de todas las riquezas de Dios en Cristo Jesús.

El resto de la vida terrenal del apóstol se consagró por completo a ayudar a que otros experimentaran y extendieran esta increíble gracia que reconcilia a los hombres con Dios, y a los hombres entre sí. Entre ellos encontramos personas como Onésimo, como Filemón, como tú y como yo.

De eso se trata la cruz.

¿Perdonarte a ti misma?

Sí, ver cuán atroz y costoso fue para Dios obtener el perdón de nuestros pecados debe conmover lo más hondo de nuestro ser. Nuestra redención lo hirió más profundamente a Él de lo que cualquier ser humano pueda haber sufrido jamás. Significó derramar sangre. Requirió el Calvario.

No obstante, demandó incluso más: exigió un acto del cual solo Dios era capaz. Para citar a Chambers otra vez: "El perdón es el milagro divino de la gracia".[4] Es algo que solo Dios puede hacer.

Así que, si te parece difícil perdonar a esa persona que te ha herido de manera tan profunda —y que quizá continúe tratándote de manera dura e injusta—, entiende que sí lo es: ¡Es *imposible...* para ti! Pero nada es demasiado difícil para Dios. Y Él es el único que puede obrar el perdón y la reconciliación por medio de ti.

Sí, solo Dios puede perdonar pecados. ¿Recuerdas aquel momento a principios del ministerio de Jesús (Lc. 5:17-26) cuando los hombres trajeron a su amigo paralítico para ser curado, y lo bajaron por el techo a causa de la muchedumbre que se agolpaba alrededor de Él? Jesús le dijo al hombre paralítico: "tus pecados te son perdonados", a lo que los fariseos protestaron: "¿Quién es este que habla blasfemias? ¿Quién puede perdonar pecados sino solo Dios?". Sin duda, la actitud de estos hombres era equivocada, pero no su pregunta. *¿Quién puede perdonar pecados sino solo Dios?* Nadie.

Es importante recordar esto, en especial cuando no se trata de un conflicto pendiente contra alguien, sino algo que tú misma has hecho; cuando todo el remordimiento, la vergüenza y la culpa te llevan a decir, como he escuchado tantas veces: "No puedo perdonarme a mí misma".

Quizás estás pasando dificultades por una mala decisión que tomaste y que te costó un buen empleo y gran parte de tu seguridad a largo plazo. Pudo haber sido un momento de negligencia en el que fuiste incapaz de mantener a uno de tus hijos a salvo del peligro. Pudo haber sido un aborto que tuviste hace diez años. Pudo haber sido una entre un millón de cosas.

Una amiga o consejero bienintencionado puede decirte que perdonarte a ti misma es el primer paso hacia la sanidad y la recuperación. El problema es que en ninguna parte de las Escrituras encontramos que Dios nos instruye a tratar con nuestras penas de esa forma. Más bien, Él nos insta a recibir *su* perdón.

De hecho, Pablo escribe: "Si Dios es por nosotros, ¿quién contra nosotros? El que no escatimó ni a su propio Hijo, sino que lo entregó por todos nosotros, ¿cómo no nos dará también con él todas las cosas? ¿Quién acusará a los escogidos de Dios? *Dios es el que justifica*" (Ro. 8:31-33).

> *El perdón no es algo que puedas darte a ti misma. Es algo que Él ha comprado para ti.*

Si sentimos la obligación de perdonarnos a nosotras mismas, ¿no será una indicación de que dudamos del perdón de Dios para nosotras o de que, en realidad, no deseamos recibirlo? Si el perdón de Dios no es lo bastante bueno para nosotras, ¿entonces qué tenemos de especial? ¿Qué poder tiene nuestro perdón que el suyo no tenga? Si Él nos ha perdonando, es borrón y cuenta nueva. ¿Qué más hay que perdonar?

El perdón es un milagro demasiado grande para que aspiremos nosotras llevarlo a cabo. Apoyarse en eso es desear algo que nunca podrá ser.

Dios es tu perdonador. Él es tu único perdonador. Cuando Jesús dio su vida en la cruz para pagar por tu pecado, Él dijo: "¡Consumado es!". El precio fue pagado sin faltar nada. Por medio de la fe en su obra terminada, eres perdonada. Nada que tú hayas hecho, y nada que logres hacer jamás, puede absolverte de un ápice de tu culpa.

William Cowper (1731–1800) fue un talentoso y prolífico escritor y poeta británico, amigo contemporáneo y cercano de John Newton. A lo largo de toda su vida, Cowper luchó con episodios recurrentes de depresión severa e inestabilidad mental y emocional.

Una vez, en un ataque de ansiedad y al borde de la locura, intentó quitarse la vida. Primero intentó lanzarse a un río, luego ingirió una dosis letal de opio, después se dejó caer sobre un cuchillo y, al final, incapaz de lograr su cometido, intentó ahorcarse. La correa con la cual se colgó se rompió y cayó al piso inconsciente antes de ser rescatado.

Un artículo publicado años después de su muerte describió el penoso remordimiento y la angustia que Cowper experimentó al recordar los hechos:

> Sintió hacia sí mismo un desprecio que no podía ser expresado o imaginado... sintió como si hubiera ofendido tanto a Dios que su culpa no podía recibir nunca el perdón, y todo su corazón se llenó de turbulentas punzadas de desesperación.[5]

No obstante, tras recuperarse físicamente de la dolorosa experiencia, Cowper logró comprender que ningún pecado puede provocar una mancha tan grande que Dios no pueda borrarla. Habiendo superado la terrible experiencia, fue movido a escribir aquellas palabras que han guiado a millones de pecadores agobiados por la culpa a la cruz, la única fuente de verdadero alivio y liberación:

> *Hay un precioso manantial*
> *de sangre de Emanuel,*
> *que purifica a cada cual*
> *que se sumerge en él.*
>
> *El malhechor se convirtió*
> *pendiente de una cruz;*
> *él vio la fuente y se lavó,*
> *creyendo en Jesús.*
>
> *Y yo también mi pobre ser*
> *allí logré lavar.*
> *La gloria de su gran poder*
> *me gozo en ensalzar.*[6]

Perdonada por completo. ¿Es esta tu experiencia?

El sacrificio de Cristo en el Calvario es suficiente para perdonar cada pecado, incluso el tuyo. El perdón no es algo que puedas darte a ti misma. Es algo que Él ha comprado para ti. Recíbelo por fe y sé libre.

Semillas del evangelio

Pensar que necesitamos perdonarnos a nosotras mismas es un ejemplo de cómo a veces tratamos de añadirle al evangelio. El apóstol Pablo fue bastante severo y directo con las personas de su tiempo que no aceptaban las buenas noticias como completas y suficientes. Aquellos insistían en añadir sus propias condiciones y requerimientos. Hemos sido perdonadas en Cristo y esto es suficiente.

Si bien tratar de perdonarnos a nosotras mismas es un intento de añadir al evangelio, la falta de perdón es una manera segura de apartarse de él. Piénsalo de esta forma: nosotras somos pecadoras perdonadas que hemos recibido la gracia de Dios, y por eso salimos al mundo a anunciar a los pecadores perdidos que ellos necesitan lo que nosotras tenemos. Decimos confiadas: "Él puede perdonarte, Él puede limpiarte y hacerte libre".

El hecho es que estas personas nos conocen; trabajan a nuestro lado en la oficina, cortan nuestro cabello, se sientan con nosotras a almorzar, viven en nuestra calle y nos oyen. Ellas escuchan la manera en que hablamos de nuestro excónyuge, de ese pariente político, del hombre que arruinó nuestra cocina poniendo el piso, del maestro que no le dio a nuestro hijo un papel protagónico en la obra de la escuela.

Y entonces nuestro mensaje sobre el evangelio de Cristo suena hueco. Es difícil que la gracia y la misericordia de Dios tengan credibilidad cuando nosotras, justo quienes aseveramos que somos perdonadas por Él, rehusamos perdonar a otros.

Por otra parte, no hay prueba más creíble para el mundo de que el evangelio que proclamamos es real que cuando extendemos el perdón de Dios a otros.

Solo hay que preguntar a las multitudes de personas que presenciaron la emotiva oferta de perdón realizada por Brandt Jean, de dieciocho años, al pronunciar una declaración de impacto en la sentencia de Amber Guyger, una agente de policía de Dallas condenada a diez años de prisión por la muerte a tiros de su hermano de veintiséis años, Botham, cuando al parecer confundió su apartamento con el suyo. Brandt le dijo: "[Si estás] verdaderamente arrepentida... te perdono. Y sé que si acudes a Dios y se lo pides, Él también te perdonará. Quiero lo mejor para ti, porque sé que eso es exactamente lo que Botham querría que hicieras". A continuación, hizo un llamamiento a la mujer condenada para que entregara su vida a Cristo. Luego, en un último e impresionante gesto de perdón, Brandt preguntó al juez si podía darle un abrazo a Guyger. Esa imagen profundamente conmovedora llegó a los medios de comunicación digitales e impresos de todo el mundo. Algunas personas se sintieron inspiradas, otras enfurecidas, y en pocas horas la palabra "perdón" fue tendencia en Twitter.[7]

Pregúntales a las decenas de convertidos al cristianismo en la tribu *Santhal* en el este rural de Nepal. Cuando una mujer que era miembro de la tribu decidió seguir a Cristo, su familia y vecinos la golpearon de tal manera que tuvo que ser hospitalizada y al final murió por las heridas. La policía local arrestó y acusó a varias personas por su asesinato. Sin embargo, los cristianos que vivían en la aldea respondieron expresando su perdón hacia los asesinos y pidieron que se retiraran los cargos.

Admirados por tal despliegue de gracia, los corazones de los aldeanos fueron ablandados, cientos se agruparon para escuchar el evangelio, muchos se volvieron a Cristo y se fundó una nueva iglesia en el pueblo.[8]

Pregúntale al apóstol Pablo. Pídele que recuerde un día cuando, de pie justo al lado de una multitud furiosa, cuidaba los mantos de aquellos que asesinaban a uno de esos "blasfemos" llamado Esteban.

Pregúntale sobre las poderosas palabras que Esteban gritó en medio del estruendo de un apedreamiento. Estoy segura de que Pablo, al adquirir después mayor conciencia de su verdadera identidad en Cristo, y al conocer lo que Jesús había dicho mientras moría en la cruz, recordó aquellas palabras similares a las de Esteban:

"Señor, no les tomes en cuenta este pecado" (Hch. 7:60).

Ahí estaba un hombre — Esteban— que había actuado de las dos maneras. Lo que él había recibido de Cristo, lo extendió a sus asesinos por medio de Cristo. La cruz había hecho la conexión: recibir el perdón y dar el perdón.

Una espada silenciosa

Si has visto la clásica película *Ben-Hur*, puedes recordar cómo, siendo joven, Judá Ben-Hur fue acusado falsamente de haber asaltado a un centurión romano. Como resultado, confiscaron la casa y las posesiones de su familia. Su madre y su hermana fueron hechas prisioneras en una celda subterránea, donde por culpa del hambre y las alimañas contrajeron la lepra. A Judá lo pusieron como esclavo de las galeras en el fondo del casco de un barco de guerra romano, donde lo azotaban.

Y el único responsable de todo esto era su amigo de infancia, Messala, quien lo entregó a los romanos.

Con el paso de los años, a Judá lo consume el odio y la amargura contra los romanos en general y contra Messala en particular, y le obsesionaba un ardiente deseo de venganza. Cuando las circunstancias convergieron, permitiéndole regresar a su pueblo natal, su corazón ardía de nuevo con ira al recordar las desastrosas pérdidas infligidas a su familia.

Acompañado de nuevo por Ester, su novia de la infancia, el peso de su dolor lo asfixiaba aún más. Cuando hablaba con ella, arrojaba todo el veneno de su furia, la ira que no cesaba de atormentarlo.

Mientras él estaba así, Ester había escuchado aquel mismo día a un hombre llamado Jesús. "Si hubieras escuchado a este hombre de Nazaret... —decía ella con melancolía al recordar sus palabras—. Él dijo: 'Bienaventurados los misericordiosos, porque ellos alcanzarán misericordia. Bienaventurados los pacificadores, porque ellos serán llamados hijos de Dios'. La voz que escuché hoy en la colina dijo: 'Amad a vuestros enemigos, y orad por los que os ultrajan y os persiguen'".

Judá está impasible y reacciona con ira a este tipo de idea. A él no le interesa la misericordia ni buscar la paz, ni tiene intención alguna de amar a sus enemigos.

Entonces, Ester responde con llanto: "¡Era Judá Ben-Hur el hombre a quien yo amaba! ¿Qué ha pasado con él? *Ahora tú te pareces a lo mismo que pretendes destruir, pagando mal por mal. El odio te ha convertido en una piedra*". Y luego pronunció las palabras que más podían herirlo...

"Es como si te hubieras convertido en Messala".

Detente un momento y permite que esto cale hondo. ¿Es posible que te estés pareciendo al ofensor que te ha herido? ¿Te has vuelto una persona diferente, alguien que nunca pensaste ser, con actitudes y características que detestas en otros? ¿El odio está endureciendo tu corazón y convirtiéndote en una piedra?

Dios quiere hacerte libre. Y esa liberación tendrá lugar en tu vida justo donde ocurrió en la vida ficticia de Judá Ben-Hur.

Más adelante, Judá termina en Jerusalén el mismo día en que Jesús es llevado fuera de la ciudad para ser crucificado. Judá sigue la procesión hacia el Gólgota hasta que termina parado justo bajo la sombra de aquella cruz en el centro, donde observa cómo fluye y cae a tierra la sangre del cuerpo lacerado de Jesús.

Mientras contempla al Salvador, el amor de Cristo penetra al fin el corazón endurecido de Judá. En silencio, sin decir una palabra, él cree y recibe ese amor. Su rostro se transforma visiblemente, como si los años de odio y amargura hubieran sido borrados por el amor, la sangre y la gracia de Jesús.

En la escena final de la película, Judá le cuenta a Ester ese momento transformador: "Le escuché decir: 'Padre, perdónalos, porque no saben lo que hacen'... y sentí que su voz quitó la espada de mi mano".

Déjame hacerte una pregunta: ¿Todavía hay una espada en tu mano, una espada de amargura, resentimiento, venganza, falta de perdón? Si es así, quiero invitarte a dar un viaje hacia el Calvario. Ponte junto a la cruz de Jesús y contempla lo que Él soportó para obtener tu perdón, la agonía que padeció para que tú pudieras ser libre. Escucha cómo extiende el perdón a sus perseguidores. Y deja que su voz quite la espada de tu mano.

¿Llegarás a ser como Jesús, un pan partido y un vino derramado, un reflejo de la inigualable gracia de Dios, una demostración viviente de la belleza y del poder del perdón?

Recibir el perdón. Dar el perdón. Ese es el camino de la cruz, el corazón del evangelio.

Reflexión personal

🖊 ¿Hay algún pecado en tu pasado que te impide "sentirte perdonada"? ¿Qué papel juegan (a) la cruz y (b) la fe para que podamos experimentar sin reservas la realidad del perdón de Dios?

🖊 ¿Qué tanto refleja tu vida el corazón perdonador de Dios hacia los pecadores? ¿Haces que el evangelio sea creíble para otros por tu manera de reaccionar ante aquellos que te hacen daño?

🖊 Dedica un momento a meditar en la cruz. ¿Qué significa la muerte de Cristo para ti como pecadora? ¿Qué significa la muerte de Cristo para ti como alguien contra quien otros han pecado?

EL PERDÓN TRAE LIBERTAD.

ES NUESTRO QUERIDO AMIGO Y UN DON,

UNA EXQUISITA OBLIGACIÓN DE LA GRACIA.

—Dr. Crawford Loritts

CAPÍTULO CINCO

EL ARTE DE PERDONAR

Pero ¿cómo?

Hemos dedicado la primera mitad de este libro a considerar algunas de las principales *razones* para perdonar. Sin embargo, como todo en la vida cristiana, perdonar a otros es mucho más que conocer el por qué y el cómo. La nuestra es una fe activa. Solo cobra vida y belleza cuando nuestros sustantivos se convierten en verbos.

La otra cara de "escoger perdonar" es el tipo de vida que Dios planeó para ti cuando envió a su Hijo para morir por tu pecado: la libertad para bendecir a otros, para caminar libre de resentimiento y amargura, para gozar de una relación de confianza con Dios y con las personas a tu alrededor, y más importante, para ser una manifestación viva y andante del evangelio y la gracia de Cristo.

Pero ¿cómo puedes alcanzar todo esto? ¿Cómo puedes llegar al lugar donde el perdón puede hacer su obra sanadora en ti y en tu ofensor?

¿Cómo puedes llegar a ser como la mujer que escribió: "He escogido perdonar a mi esposo por la relación sexual que tuvo con su novia antes de conocerme, y aunque me aferré a esa ofensa por cuatro años, ahora me emociona abrazarlo y decirle que ha sido liberado"?

¿Cómo puedes llegar al punto de poder decir, como recordaba una amiga: "Tuve que dar la espalda a lo que consideraba mi derecho a estar amargada. Tuve que perdonar a mi madre por cómo me había criado. Tuve que liberarla para poder mirarla a los ojos y decirle con un corazón limpio que la quería. Fue como si alguien hubiera abierto la puerta de una cárcel y me hubiera dejado salir".

¿Cómo puedes liberarte de un problema que durante gran parte de tu vida ha sido como una olla a presión a punto de estallar? Como me dijo otra amiga que había sido víctima de abusos sexuales por parte del novio de su madre que vivía en la casa: "No fue tan difícil perdonar a mi agresor; fue más difícil perdonar a mi madre. Cuando tenía siete años —que fue la primera vez que abusaron sexualmente de mí— se lo conté a mi madre enseguida. Durante los ocho años siguientes no hizo nada al respecto, y eso fue probablemente lo más duro para mí". Pero su historia no había terminado. Desde que llegó a la fe en Cristo, esta mujer compartió: "Por la gracia de Dios, he perdonado a mi abusador, y he perdonado a mi madre, y la amo con todo mi corazón".

> *Nuestra fe solo cobra vida y belleza cuando nuestros sustantivos se transforman en verbos.*

¿Cómo puedes sobreponerte a una ofensa tan arraigada en tu corazón que ha determinado lo que eres y tu manera de afrontar la vida? Como la mujer que dijo: "Mis hermanos y mi padre abusaron sexualmente de mí desde que tengo memoria hasta que cumplí dieciséis años. Nunca supe cómo tener una relación saludable con los hombres. Mantuve este odio por mucho tiempo en mi corazón. Pero he escogido soltarlo y entregárselo a Dios".

He visto que el Señor concede la gracia para perdonar en situaciones que parecen imposibles.

"El pasado febrero —escribió una mujer—, un vecino entró por la fuerza a nuestro hogar y mató a mi esposo, me secuestró, me violó y luego se suicidó. Quedé sola con tres niños pequeños". Ella continuó diciendo que le daba "gran satisfacción esperar que él [su atacante] estuviera ardiendo en el infierno", y cómo "la única forma en que podía enfrentar la situación era saber que él estaba siendo castigado".

Dios comenzó a tocar su corazón en una conferencia de mujeres donde hablé del perdón. Ella sabía que el dolor la estaba matando. Sabía que necesitaba perdonar. Y, una vez que lo hizo, pudo experimentar la paz de Dios y librarse del afán de saber qué le había sucedido al final a su asaltante. "Ahora soy libre. No sé si él está en el infierno o en el cielo. Pero sé que Dios está a cargo de todo y puedo alabarlo".

He observado cómo el Señor reconcilia y restaura relaciones entre personas que difícilmente soportarían reunirse en un mismo lugar. Recuerdo una vez cuando, cerca de terminar otra conferencia, dos mujeres querían contarme su historia. Eran suegra y nuera. La joven, con nueve meses de embarazo, estaba casada hacía cuatro años con el hijo de la otra mujer.

Sin embargo, a pesar de todos los años de conocerse, nunca se habían llevado bien. De hecho, su disgusto mutuo había crecido mucho. No sé si ellas pudieron alguna vez explicar la queja de cada una contra la otra, pero, en realidad, habían llegado al punto donde todo sobre la otra les molestaba.

Estoy segura de que sabes cómo puede pasar esto. Quizás te haya sucedido alguna vez.

Aunque esta suegra estaba en el comité de bienvenida de la conferencia, no había invitado a su nuera a asistir, y repuso: "Yo sabía que no vendría si la invitaba".

Pero ella sí vino, sin ser invitada.

Aunque parezca increíble, Dios las encontró allí, sentadas en lugares diferentes del auditorio. Y en el transcurso de aquella tarde, mientras yo hablaba sobre la importancia del perdón, una de ellas dio el primer paso. Ni siquiera sé cuál de ellas; solo sé que ambas terminaron en el cuarto de oración, abrazadas, buscando y encontrando el perdón de la otra.

Créeme que esto puede pasar —en cualquier situación, en la tuya— cuando Dios da la gracia y cuando tú escoges hacer lo que Él te ordena.

Pero ¿cómo?

¿Quién lo hizo?

Quiero sugerirte tres pasos prácticos que puedes dar para acelerar y consolidar tu perdón hacia otros. No quiero dar a entender que el perdón sea fácil ni reducirlo a una fórmula de tres pasos. Soy consciente de que pueden estar presentes dolorosos recuerdos, emociones y relaciones, y de que pueden requerir más sanidad.

Sin embargo, he descubierto que estos pasos resultan útiles para iniciar el proceso y encaminar a las personas a la libertad.

Como punto de partida en el camino del perdón, (1) *identifica a las personas que te han hecho daño y la(s) forma(s) en que han pecado contra ti.*

He aquí una forma simple de hacer esto: toma una hoja de papel en blanco y dibuja dos líneas verticales, formando tres columnas parejas en la página (ver el ejemplo a continuación). En la columna de la izquierda, escribe los nombres de todas aquellas personas que han pecado contra ti, con las cuales aún tienes asuntos pendientes en tu corazón.

Nombre	¿Qué hicieron?	¿Cómo respondí?

Tú sabes quiénes son: una madre, un padre, un padrastro o una madrastra, un hermano, una hermana, un antiguo empleador o pastor, un vecino, un hijo o una hija, un excónyuge. Haz la lista.

Luego, en la columna del medio —junto a los nombres que anotaste— escribe la(s) ofensa(s) específica(s) que cada uno ha cometido contra ti. ¿Cómo te hicieron daño? Sé específica.

Tal vez preguntes: "Un momento, ¿qué sentido tiene traer a colación todo esto de nuevo? Pensé que debíamos 'perdonar y olvidar', y enterrar estas cosas. ¡Ahora me dices que las ponga todas en una lista!".

Es importante comprender que el perdón no significa negar que hubo una ofensa. Eso no es sincero; es una negación. El verdadero perdón no es asunto de juegos mentales y mundos de ensueño, no es escapar de la realidad, sino *encararla* y enfrentarla a la manera de Dios.

> El perdón no significa negar que hubo una ofensa.

Lo que otros te hicieron estuvo mal. Ellos te hirieron. Y Dios no quiere que *escapes* de tu dolor sino que acudas *a Él* en *medio* de tu sufrimiento, que lo encares en toda su dimensión, que le permitas a Él ayudarte justo donde sientes dolor y darte la gracia para ser libre de cualquier esclavitud a esa herida.

Hay algo importante que debemos notar aquí: al animarte a escribir los diferentes pecados que otros han cometido contra ti, no quiero decir que debas tratar de desenterrar de tu pasado asuntos olvidados, como algunos pudieran aconsejar. Dios es capaz de borrar recuerdos dolorosos de nuestra mente, y a veces elige hacerlo. No tiene sentido invocar recuerdos que Dios pudo haber quitado en su misericordia; de hecho, creo que esto puede ser muy perjudicial.

Si hay alguien a quien debes perdonar, es probable que no necesites ir muy lejos para saber quién es y por qué. Trata con los asuntos que sabes que necesitas enfrentar, aquellos que están claros en tu mente, y confía en el Señor para traer a tu memoria cualquier otra ofensa que tengas que perdonar.

Anota cualquier herida del pasado o del presente de la que eres consciente. No las evadas. Míralas como los pecados reales que son.

¿Está claro hasta ahí?

Ahora bien, algunas quizá podrían detenerse justo aquí. Podrían creer que el solo ejercicio de nombrar a sus ofensores podría ser lo bastante curativo. Podrían incluso sugerir que quemes la lista en una chimenea, en un acto simbólico que disipe todo el dolor y el sufrimiento.

No obstante, creo que la Biblia nos guía a hacer algo más, algo más profundo, más sanador y santo: (2) *asegúrate de tener tu conciencia limpia en relación con cada uno de los individuos de tu lista.*

Eso es lo que debe aparecer en la tercera columna de tu papel. Pregúntate: "¿Cómo he respondido a estas personas?". Luego anota tu respuesta.

- ¿Los has bendecido?
- ¿Los has amado?
- ¿Has orado por ellos?
- ¿Los has perdonado?

¿O sería más cierto decir que les has negado tu amor, que has estado resentida y airada con ellos?

¿Has dicho barbaridades acerca de tu excónyuge a tus hijos? ¿Has levantado murallas entre tú y tu vecino que se inmiscuye siempre en tus asuntos, o tu colega que se burla de tus creencias? ¿Has hablado mal de esa persona que te calumnió delante de tus amigos? ¿Te has vengado sutilmente de tus parientes políticos o del hermano que te ha amargado la vida castigándolos con tu silencio y zafándote de la relación, en vez de perseverar en amarlos?

No puedes perdonar realmente hasta que tienes tu conciencia limpia en cuanto a aquellos que han pecado contra ti, y permites además que Dios inspire su amor en tu corazón hacia los que te han fallado.

La verdad es que no eres responsable por lo que va en esa columna intermedia (¡si damos por hecho que esa ofensa no se produjo en respuesta a un pecado que tú hayas cometido contra ellos!). No pediste esto, no lo invitaste, no lo mereces. Con todo, sí eres responsable —única y absolutamente responsable— por lo que va en la tercera columna.

Y si tu respuesta no ha sido como la de Cristo, entonces debes buscar a esa persona y procurar su perdón por la manera en que pecaste contra ella. (Por supuesto, hay situaciones en las que no sería conveniente ni sabio volver y establecer contacto con el ofensor. Si ese es tu caso, te animaría a pedir el consejo sabio de tu pastor o de otro creyente maduro).

De nuevo, esta línea de pensamiento algunas veces suscita una reacción automática (lo cual es bastante comprensible): "¡Espera un minuto! ¡Esa persona pecó contra *mí*! ¡¿Y ahora tú me dices que yo debo buscarla y pedirle que me perdone por lo que le hice?!".

Sí.

Es probable que en tu corazón no hayas hecho nada malo hacia esa persona. No has querido vengarte, no has hablado de ella a sus espaldas, no has aceptado sus disculpas de mala gana.

Espero que este sea el caso. Sin embargo, en muchas ocasiones no es así.

La mayoría de las veces, el *ofendido* se convierte en *ofensor* por su respuesta a la ofensa. En la mente del ofendido, esa respuesta puede tener completa justificación: *"Se lo merece... es su culpa, no la mía".*

Sin importar lo que pueda haber provocado nuestra respuesta, si hemos pecado contra un cónyuge, un padre, un amigo, un antiguo conocido, una figura de autoridad —el que sea—, debemos pedirle perdón como si fuéramos nosotras quienes iniciaron todo el conflicto. Debemos ser responsables por nuestra respuesta pecaminosa.

"Bueno —admites—. Puede que yo sea el responsable del 5% de nuestra ruptura matrimonial. ¡Pero el 95% o más fue su culpa!".

Está bien. Entonces asume el 100% de tu "5%" de responsabilidad, y pide perdón.

Claro, puede que descubras, si le permites a Dios escudriñar tu corazón, que los porcentajes no están tan sesgados como creías. De acuerdo, hay situaciones en las que somos totalmente inocentes, en las que hicimos poco o nada para provocarlas, y frente a las cuales hemos respondido con perdón continuo sin guardar rencor alguno.

Sin embargo, muchas veces somos prontos a pasar por alto nuestra parte de culpabilidad, tan prontos como la otra persona con la suya. Con frecuencia, esto deja mucha responsabilidad en el aire, donde puede seguir diseminando su veneno y perpetuando el daño.

En el Sermón del Monte, Jesús nos recuerda que es mucho más fácil ver los errores de los demás que nuestras propias faltas. Tendemos a mirar los pecados de otra persona con un microscopio, ¡mientras miramos los nuestros con un telescopio!

Jesús hace hincapié en la importancia de tratar nuestros propios pecados antes de intentar hacerlo con los de los demás.

> ¿Y por qué miras la paja que está en el ojo de tu hermano, y no echas de ver la viga que está en tu propio ojo? ¿O cómo dirás a tu hermano: Déjame sacar la paja de tu ojo, y he aquí la viga en el ojo tuyo? ¡Hipócrita! saca primero

la viga de tu propio ojo, y entonces verás bien para sacar
la paja del ojo de tu hermano (Mt. 7:3-5).

Esto no es quitarle importancia a lo que tu "hermano" pueda haberte hecho. Es solo que, si no has confesado *tu* pecado, te resultará difícil ser objetivo en cuanto al pecado del otro, o útil a la hora de ayudarle a deshacerse del mismo. ¡Ni qué decir de ser hipócrita!

Así que sé franca y cuestiónate: ¿El pecado de alguien ha engendrado algún pecado en tu vida? Entonces confiésalo y, si es posible y pertinente, a la persona misma en cuestión. No lo hagas de tal forma que te justifiques, que inculpes al otro por haberte empujado a pecar; o que te conduzca a pecar aún más alimentando tu ira contra ella.

Lo que Dios dice es: "Asume tu propia responsabilidad". ¿Lo has hecho?

Si no, humíllate. Ve y busca el perdón. Asegúrate de tener limpia tu conciencia.

Tu elección

Una vez que has identificado a aquellas personas que te han hecho daño, y que tu conciencia está limpia ante el Señor y ante ellas —que hayas buscado el perdón por todo lo que les has hecho a ellas, por contribuir a lo que sucedió o por reaccionar hacia ellas con actitudes y conductas pecaminosas— es tiempo de dar el próximo paso, y quizá el más duro de tu viaje.

(3) *Escoge perdonar de forma completa a cada persona que ha pecado contra ti.*

Aquí es donde se pone difícil el asunto y todas las partes delicadas y heridas de tus emociones pueden clamar para protegerse y protestar. Y es donde el enemigo hará todo lo posible para evitar que cumplas con el mandato de Dios y que hagas lo que tú sabes que necesitas hacer.

Pero es ahí donde tienes que ir si quieres ser libre.

Escoge perdonar a cada individuo (o grupo) que ha pecado contra ti. Borra todo su historial. Presiona la tecla de borrar. Libéralos de tu custodia.

No es necesario sentir ganas de hacerlo, ni desear hacerlo. Pero, si deseas ser una hija de Dios obediente, tienes que perdonar.

Es probable que, cuando empezaste a leer este libro y Dios puso de nuevo en tu corazón la necesidad de enfrentar este asunto que ha invadido tu vida por tantos años, ya supieras que tarde o temprano llegaríamos a este punto. No hay vuelta atrás a estas alturas del viaje hacia la libertad en Cristo.

"Perdonad, si tenéis algo contra alguno" (Mr. 11:25).

"Pero ¿qué hago si no me han pedido perdón? ¿Qué pasa si mi ofensor piensa que no hizo nada malo?".

Bueno, lamentablemente, su renuencia a arrepentirse le impedirá recibir el perdón de Dios (el que más importa) y de tener una correcta relación con Él, y también limitará su capacidad para tener una relación restaurada por completo contigo y con otros.

Pero aunque la dureza de esa persona afecte su bienestar y sus relaciones hasta que enfrente y trate con sus pecados, y aunque esto pueda mantenerle cautivo, nadie puede obligarte a *ti* a seguir como prisionero de tu propio corazón, siempre que des el valiente paso de perdonar. Esta es una elección que puedes y debes hacer, sin importar el punto en que se encuentra la otra persona en su viaje.

Cuando atiendes al Señor en este asunto, debes estar segura de no quedarte corta en perdonar de corazón a tus ofensores. He escuchado a personas sinceras y bienintencionadas orar así:

"Señor, por favor, *ayúdame a perdonar* a esta persona". He escuchado a otras decir: "Yo sé que necesito perdonarlo...". No dudo de su sinceridad, *pero esto no basta*. No te limites a pedirte ayuda a Dios, o a hablar de tu necesidad de perdonar. Ve al fondo del asunto y di: "Señor, por tu gracia y en obediencia a ti, *escojo* perdonar, borrar todo historial, presionar la tecla de borrar, liberar al ofensor, soltar la ofensa. ¡Yo perdono!".

¿Perdonar a los terroristas?

Gracia Burnham y su esposo, Martin, hicieron esta elección bajo circunstancias que muchos hubieran podido considerar imperdonables.

Después de haber sido secuestrados por un grupo terrorista filipino mientras hacían un breve receso de su trabajo misionero, esta pareja soportó más de un año de tortura, necesidad y abuso, siendo empujados a dar vueltas sin sentido por las zonas intrincadas de una selva tropical. En junio de 2002, cuando los militares de ese país intentaron rescatar a los rehenes, Gracia escapó, herida pero liberada. Martin murió en el tiroteo.

Después de la larga y dura experiencia juntos, Gracia tuvo que salir de la jungla sola.

En su conmovedora narración de la historia en su libro *En la presencia de mis enemigos*, y en su siguiente libro *Volar otra vez*, ella nos transporta a algunas de las atrocidades que experimenta un rehén, a escenas de pesadilla a las cuales es difícil imaginar que alguien pueda sobrevivir.

El enloquecedor cautiverio de estar encadenado a un árbol por horas, dormir de pie y tener que suplicar por sus necesidades diarias; el dolor agotador de una incesante diarrea, agravado por la indignidad de no tener lugar para hacer sus necesidades privadas ni medios para asearse, y sin poder escapar de las condiciones insalubres que solo empeoraban la enfermedad; el agotamiento por llevar atados casi veintitrés kilos de efectos personales y caminar kilómetros sobre el suelo escabroso, con muy poco para guarecerse de las inclemencias del tiempo, y mucho menos en sus estómagos para sostener sus débiles y fatigados cuerpos.

Tortura.

Y cuando no tenían miedo mortal, estaban enojados.

"Cuando Martin y yo nos arrodillábamos junto a la fogata para esperar nuestra ración —recuerda ella—, podíamos ver al sirviente amontonar arroz en los otros platos, y luego darnos apenas dos tercios de una taza, solo porque no éramos filipinos ni musulmanes. Yo sentía deseos de gritar".[1]

> *"Aunque la ira como resultado de un trauma es comprensible, esto no la hace productiva".*
>
> —Gracia Burnham

Aun en la asustadora e implacable jungla, rodeados de secuestradores armados hasta los dientes que se reían y burlaban a carcajadas —hombres que no tenían derecho a interponerse entre Gracia y su hogar y sus hijos, entre Gracia y un cálido baño o una comida casera, con una actitud tan cruel y despiadada—, incluso en estas condiciones extremas, Dios obraba en el corazón de Gracia.

Ella escribe: "Descubrí que mientras más culpaba a los Abu Sayyaf [el grupo que los tenía secuestrados], mi corazón más perdía la paz. Les echaba la culpa a los terroristas, a los militares filipinos por su ineptitud, al gobierno norteamericano por no mover una varita mágica para liberarnos; incluso culpé a Dios porque... bueno, Él está en control de todo, ¿no es así?".

Pero, poco a poco, su perspectiva comenzó a cambiar: "Empecé a darme cuenta de que mi resentimiento no tenía ningún propósito útil... Aunque la ira como resultado de un trauma es comprensible, esto no la hace productiva... La alternativa, por supuesto, era perdonar, aun sin el beneficio de una disculpa por parte del ofensor. Yo podía *escoger* perdonar, yo sola".

Cuando ella perdonó, Dios hizo de nuevo lo que hace tan bien. La ira de ella se calmó. Su dolor comenzó a aliviarse.

"Pero entonces amanecía un nuevo día —ella admite—, y ocurriría una nueva injusticia. Debía vivir con la necesidad constante de perdonar. Fue una decisión consciente que debí tomar una y otra vez con el paso del tiempo. De hecho, se volvió un estilo de vida. Y en esto yacía un camino directo al autocontrol y la serenidad".

Ella recuerda: "Yo no oré diciendo: 'Dios, ayúdame a perdonar'. Hacerlo significaría eludir mi propia responsabilidad... Aunque la tarea era solo mía, tan pronto *escogí obedecer, Dios en verdad me dio la fuerza para hacerlo*" (cursivas añadidas).[2]

Gracia está ahora a salvo en su hogar en un pequeño pueblo de Kansas, educa a sus tres hijos y lleva una vida más cercana a lo que podemos entender o experimentar. Ahora sus batallas no son los rigores de la supervivencia de un rehén, sino el conflicto diario de un niño que olvida siempre tirar la basura en su lugar, de un amigo que hace un comentario despectivo, o de algún pariente que dice algo descortés.

Con todo, ella te diría que el mismo modelo del perdón se aplica a estas situaciones.

Identificamos el pecado. Limpiamos nuestra conciencia hacia el ofensor. Escogemos —sí, Señor, escogemos—, perdonar.

Para lo mejor y lo peor

¿Todavía crees que no puedes hacerlo? ¿Crees que tu situación es demasiado dura?

Hace varios años, observé cómo una querida amiga pasó por aguas profundas en lo que respecta al perdón; no una vez, sino una y otra vez. Recuerdo claramente el día en que su esposo, con quien llevaba casada ya veintitrés años, le confesó que le había sido infiel con otra mujer desde hacía seis meses.

El solo hecho de haber roto sus votos matrimoniales era ya bastante serio. Pero, para añadir sal a la herida, él no estaba seguro de si estaba listo para terminar con eso ni de lo que haría al respecto.

Las cosas siguieron más o menos igual por más de un año. "Él me decía que el romance había terminado —escribió ella hace poco mientras recordaba lo sucedido—, pero al mismo tiempo persistía en lo mismo. En realidad no demostró el más mínimo quebrantamiento ni dolor por su pecado, y siguió haciéndolo, a veces casi exhibiéndolo en mi cara. Esto nos causaba a mí y a nuestros hijos un sufrimiento indescriptible".

Sin embargo, de alguna forma Dios le dio a esta descorazonada esposa la gracia para aferrarse a Él, para perdonar a su descarriado esposo y para seguir fiel amándolo, incluso en medio de su intenso dolor y de la aparente impenitencia de él por su pecado.

"Al principio *me sentía* incapaz de perdonar —dijo ella—. Mi reacción inicial fue de ira extrema, seguida de mucho dolor. Pero recuerdo que esa primera noche, después de descubrir el romance, caí sobre mi rostro delante de Dios con una Biblia abierta y derramé mi corazón ante Él. No entendía por qué Dios permitía que esto me pasara, pero supe que tenía que haber pasado por sus manos amorosas antes de llegar hasta mí, y que Él quería usarlo de alguna forma para mi bien y para su gloria. *Escogí perdonar a mi esposo aquella noche,* aunque él no me lo había pedido, a pesar de que estaba toda temblorosa y casi aturdida por el dolor. Solo podía pensar en Cristo en la cruz y en cómo Él le pidió a su Padre que perdonara a aquellos que lo asesinaban".

Y ¿qué resultó de todo esto? Una vez que ella escogió perdonar, ¿volvió su hogar a ser un lugar feliz, donde cada uno interactuaba de manera libre y esperaba con ansias los juegos de los viernes en la noche?

No. "En muchas ocasiones, durante los trece meses siguientes, yo me sentí devastada por algo que mi esposo hacía o decía en relación con su amante; sin embargo, Dios continuó capacitándome para mostrarle perdón, a pesar de que seguía viviendo en pecado. Nunca hubiera podido desarrollar esa clase de perdón. Soy débil y pecadora, y me di cuenta en aquellos tiempos difíciles de que Dios derramaba su gracia sobre mí para darme la capacidad de perdonar".

En medio de este doloroso proceso, al elegir mi amiga el camino del perdón, experimentó la presencia y el poder de Dios de una manera extraordinaria:

Algo asombroso sucedió en mi vida mientras seguía perdonando a mi esposo. Dios me dio una gran libertad y gozo en medio del dolor que experimentaba. De alguna manera, Él me permitió ver la vivencia completa, no como algo para despreciar sino como *un regalo para aceptar.*

En términos humanos, esto no tiene explicación. Dios, en realidad, me permitió gozarme en mi sufrimiento y verlo como una oportunidad de sufrir a muy pequeña escala lo que Él sufrió cuando fue rechazado.

Estas no son las palabras de una maestra bíblica que trata teorías. No es alguien lo bastante alejado de la realidad como para contentarse con respuestas fáciles. Este es el testimonio de una mujer que ha estado allí, que sabe lo que se siente en esa situación, lo que cuesta, lo que significa... una mujer cuya fe ha sido probada en el horno de la aflicción y ha salido como el oro.

En el momento debido, Dios en su misericordia trajo a su esposo al genuino arrepentimiento y con gracia restauró su vida destrozada y su matrimonio, mucho antes de que ella pudiera prever el final o tener alguna certeza en su corazón de que él cambiaría algún día. Estoy segura de que eso nunca habría pasado si no fuera por el deseo de perdonar (y de perseverar en ello) de esta esposa herida.

Esta es la conclusión de su testimonio escrito:

Cuando escogemos perdonar a otros, aun si ellos no están quebrantados, Dios derrama libertad, gracia, paz, gozo, amor e incluso perdón en nuestro corazón. Cuando lo experimentas en carne propia, es algo que te deja sin aliento. *Es algo que te lleva a profundidades en tu relación con Dios que nunca podrías haber alcanzado excepto a través de este camino misterioso.*

¡Tremendo!

¿Te das cuenta de lo que esto significa? Cualquier situación por la que estés pasando, y sin importar lo grande o pequeño del daño causado, la opción de perdonar puede significar que tus días más preciosos con el Señor están justo por comenzar.

Sí, el perdón es sobrenatural. Sí, es algo que solo Dios puede hacer. Sí, está muy lejos de nuestra capacidad como seres de carne y hueso. Pero si tú eres una hija de Dios, has recibido el mismo poder que Él "operó en Cristo, resucitándole de los muertos" (Ef. 1:20). ¡Piensa en esto! Eso significa que tienes en tu interior el poder ilimitado de Jesús, la capacidad sobrenatural de cubrir con el perdón las ofensas "imperdonables". Por su poder conferido, puedes perdonar a otros con la misma gracia y perdón que has recibido de Dios por *tus* pecados.

Entonces, ¡escógelo! ¡Hazlo! No esperes a tener ganas o a entender en qué terminará todo esto. Al fin y al cabo, el perdón no es una emoción. Es un acto de tu voluntad, un acto de fe. No albergues más la amargura, ni siquiera por un día.

Tu asunto puede ser monumental, como algunos de los que has leído en este libro, o peor. O puede parecer tan insignificante y pequeño al compararlo con otros que puedes considerarlo poca cosa, y creer que está bien continuar con ese resentimiento que hierve a fuego lento.

Si la ofensa es tan grande que piensas *que no* puedes perdonarla, o tan pequeña que no *tienes* que perdonarla, en cualquiera de los dos casos estarás en prisión hasta que la deposites en el río purificador de la insondable misericordia de Dios, *¡y la dejes... ir!*

Esta es su voluntad para ti en Cristo Jesús. ¡Y tú puedes escoger obedecerla!

Si aún no te has zambullido en el océano de su perdón, clama a Él ahora mismo: "Oh, Dios, por causa de Jesús, como tú me has perdonado, yo escojo perdonarlo(a). Escojo perdonar a cada persona que ha pecado contra mí".

"¡Yo escojo perdonar!".

REFLEXIÓN PERSONAL

🖋 "Si sabéis estas cosas, bienaventurados seréis si las hiciereis" (Jn. 13:17).

ENOJADOS CON DIOS

"En el proceso de Drusky contra Dios, Dios ha ganado".

Ese era el encabezado del reportaje de la agencia de noticias The Associated Press, fechado el 15 de marzo de 1999.

Y continuaba explicando: "El litigio de un hombre de Pennsylvania, cuyo acusado es Dios, ha sido rechazado por un tribunal en Syracuse [NY]". Después de una larga batalla con su anterior empleador (llamado entonces U.S. Steel), Donald Drusky había culpado a Dios —de forma oficial— por fallar en impartir justicia en lo concerniente a su despido de la compañía unos treinta años antes.

"El acusado Dios es el gobernante soberano del universo —decía la demanda—. Y no tomó acciones correctivas contra los líderes de su iglesia y su nación por los gravísimos daños que arruinaron la vida de Donald S. Drusky".

De acuerdo con el reporte noticioso: "el juez del distrito Norman Mordue rechazó el caso. Mordue decretó que el proceso judicial —que además nombraba como acusados a los anteriores presidentes Ronald Reagan y George Bush, a las principales redes televisivas, a los cincuenta estados, a cada norteamericano, a cada juez federal y los seis Congresos de los Estados Unidos durante los años 1987 a 1999—, era insustancial".

Tan ridículo como pueda sonar esto a las personas racionales, en un sentido la diatriba de Drusky solo difiere en proporción a lo que escucho decir a muchas personas en estos días.

Cuando leo las cartas y los correos electrónicos que las personas envían a nuestro ministerio, y cuando oigo relatos de otras, uno de los temas recurrentes es este: "Estoy enojada".

"Enojada con mi esposo".

"Enojada con mis hijos".

"Enojada con mis padres".

"Enojada con mi pastor".

Y algunas veces, después que han pasado por todas esas instancias, escucho que expresan algo que está, en realidad, en la raíz del asunto:

"Estoy enojada con Dios".

Incluso personas piadosas como Gracia Burnham se sienten a veces tentadas a dirigir su resentimiento hacia Dios. Tal vez lo percibiste en el capítulo anterior. Al mencionar las numerosas causas de su condición difícil cuando fue capturada como rehén en las Filipinas, ella señaló personas, citó nombres. Ella vio rostros, y luego apuntó a uno que, si bien no podía ver, sentía que debía tener algo de responsabilidad en su sufrimiento: Dios.

Esto se evidenció en un aparte de su testimonio: "Incluso culpé a Dios —dijo ella—. Porque... bueno, Él está en control de todo, ¿no es así?".

Después de todo, si se supone que Él es Todopoderoso, pudo haber detenido eso. Si se supone que Él es todo amor, pudo haber

> *¿Tenemos en algún momento el derecho de estar enojadas con Dios?*

protegido mi corazón y haberme ahorrado este dolor. Pero no lo hizo. Él se volvió y decidió no hacerlo. Entonces ¿cómo puedo confiar en un Dios semejante, que permitió que algo así pasara en mi vida?

¿Has dicho alguna vez palabras como estas, o al menos las has pensado? ¿Has llegado al punto en el cual enfurecerte contra tu ofensor no basta? En tu búsqueda de respuestas y justificaciones, ¿te has vuelto más bien a apuntar tu dedo al cielo y pedirle a Dios una respuesta por tratarte de esa forma? O quizás no es tan evidente, sino más bien un resentimiento confuso y que hierve a fuego lento.

¿Hay casos que permiten tales sentimientos y acusaciones? ¿Disculpa Dios tal insolencia de parte de las personas que creó? ¿Nuestra relación con Él admite el privilegio de expresarnos con tal franqueza?

¿Tenemos en algún momento el derecho de estar enojadas con Dios?

Creer lo imposible

Bill Elliff, que ha sido un amigo por mucho tiempo, al igual que su esposa Holly, era un hombre adulto antes de soportar el desgarrador golpe de la traición de su padre. Hasta ese momento, él podría haberte dicho que sus años de infancia fueron casi vergonzosamente ideales. Mamá y papá eran el retrato viviente del amor y el compromiso. El servicio de su padre como pastor y líder denominacional no era una farsa. Su ministerio juntos evidenciaba gozo y gratitud genuinos, lo suficiente para inspirar a los tres chicos a convertirse en pastores, y a su hermana en la esposa de un pastor.

De hecho, Bill se había graduado ya del seminario, le iba bien en su llamamiento ministerial, e incluso meditaba a veces en lo bondadoso que había sido Dios con él, y en los pocos sufrimientos que él y su familia habían tenido que enfrentar.

Por ese tiempo, su padre había dejado las responsabilidades semanales del púlpito para brindar asesoría y supervisión a un gran grupo de iglesias de su denominación. Al aproximarse a la edad del retiro, había cumplido todas sus metas y algo más. Había vivido una vida plena, con la recompensa de sus años dorados por delante, listo para compartirla con la esposa de su juventud, la esposa a la que había sido fiel por más de cuatro décadas.

Esto fue, hasta que el techo se derrumbó.

Debido a la áspera interposición de un hombre, al padre de Bill se le negó una importante y final tarea ministerial que él anhelaba. En ese punto, en lugar de recibir la gracia de Dios para enfrentar la desilusión, permitió que la amargura y la falta de perdón echaran raíces en su corazón. En ese estado, empezó a aconsejar a una mujer en su oficina que luchaba con un matrimonio difícil.

Luego, este hombre, el único hombre del cual se podría decir sin más que era la última persona en el mundo de la cual esperaría esto, hizo una serie de concesiones graduales que condujeron a una relación inmoral clandestina.

Por supuesto que Bill no se enteró del asunto de inmediato. La evidencia de la indiscreción de su padre comenzó a asomarse. Las sospechas se convirtieron en realidades que eran difíciles de ignorar o evadir. La evidencia se acumuló frente a sus obstinadas negativas. Al final, cuando parecía que era tiempo de saber la verdad, sus hermanos adultos fueron a la casa de sus padres sin avisar, hicieron la difícil y dudosa pregunta y confirmaron la dolorosa verdad.

Así comenzaron varios años de subidas y bajones emocionales desconcertantes. Allí estaba una preciosa esposa y madre, soportando la parte más personal y dolorosa de este vergonzoso acto de traición y rechazo. Aun así, al enfrentar los cambios impredecibles en el comportamiento y la mentalidad de su esposo, ella permaneció firme en su deseo de manejar este asunto según la voluntad de Dios. Sí, ella había sido herida, agraviada de forma cruel y absurda. A pesar de eso, eligió dejar que Dios consolara su corazón. Había escogido perdonar.

Para Bill, sin embargo, todo lo que conoció o creyó alguna vez —acerca de la vida, de su padre, de su llamado, de Dios— se desplomaba con tantas preguntas sin respuesta.

"¿Por qué permite Dios que esto pase? ¿No trataban ellos de servirle como familia? ¿Por qué no responde Dios nuestras oraciones *ahora mismo*? ¿Cómo un Dios amoroso puede permitir que sus hijos sufran así? ¿Es Dios siempre fiel a sus promesas, o no?".

Un día, inmersa en esta prueba que parecía interminable, la madre de Bill regresó del mercado y no encontró a nadie en casa, excepto una nota colocada de forma cuidadosa sobre la mesa. Al final, todo había terminado en eso: una excusa final y lamentable para una conclusión acorde. Como la última página de una novela que aún mantiene viva la esperanza de un giro positivo, ese solo pedazo de papel tradujo de manera triste y silenciosa los pensamientos más temidos de cada miembro de la familia.

Papá se había ido. Con la otra mujer. Y no quería regresar.

¿Hasta cuándo, Señor?

Retomaremos la historia de Bill más adelante en este capítulo, pero quiero detenerme para analizar esta reacción bastante natural frente al dolor y la angustia, esta inclinación de llegar a enojarse y disgustarse con Dios cuando sufrimos daño o agravio.

He llegado a pensar que, en alguna medida, toda amargura se dirige en última instancia a Dios. Puede enmascararse con ira hacia una persona o grupo en particular que nos han hecho daño, pero en realidad se extiende más allá de estos, muy por encima de ellos.

Parece que todos sabemos de manera intuitiva que el poder de Dios es lo bastante grande para resolver nuestros problemas, si Él quisiera hacerlo.

Así que, cuando el daño se torna en amargura —cuando a la falta de perdón se le da suficiente espacio, tiempo y oxígeno para tomar vida por sí misma—, nos inquieta la idea de un Dios poderoso que no parece cuidarnos lo suficiente para intervenir en nuestra situación. Esto contradice todo lo que se nos ha enseñado acerca de su bondad y justicia, todo lo que hemos imaginado sobre un Dios justo que siempre arregla las cosas al final.

Incluso parece que se nos ha dado cierta licencia para sentirnos así cuando leemos las oraciones y clamores vehementes de los Salmos. No necesita una concordancia para encontrarlos. La transparencia emocional de estos versículos casi salpica todas las páginas.

> ¿Hasta cuándo, Jehová? ¿Me olvidarás para siempre?
> ¿Hasta cuándo esconderás tu rostro de mí?...
> ¿Hasta cuándo será enaltecido mi enemigo sobre mí?
> (Sal. 13:1-2).

> Todo esto nos ha venido, y no nos hemos olvidado de ti,
> Y no hemos faltado a tu pacto.
> No se ha vuelto atrás nuestro corazón,
> Ni se han apartado de tus caminos nuestros pasos,
> Para que nos quebrantases en el lugar de chacales,
> Y nos cubrieses con sombra de muerte...

Despierta; ¿por qué duermes, Señor?

Despierta, no te alejes para siempre.

¿Por qué escondes tu rostro,

Y te olvidas de nuestra aflicción, y de la opresión nuestra?

(Sal. 44:17-19, 23-24).

Job tampoco temió a veces dejar a un lado la cortesía y enfrentarse a la aparente injusticia de Dios:

Mas yo hablaría con el Todopoderoso,

Y querría razonar con Dios...

¿Por qué escondes tu rostro,

Y me cuentas por tu enemigo?

(Job 13:3, 24).

¿Cuán lejos es demasiado?

¿Podemos ser sinceras con Dios? Por supuesto que sí.

¿Acaso no se nos anima a tener una ira justa contra el pecado, aun los pecados que cometen contra nosotras? Sí, así es.

Sin embargo, hay un punto en el cual nuestras preguntas sinceras hacia Dios cruzan la línea y se convierten en la expresión de un corazón orgulloso, insubordinado, exigente.

La Palabra nos advierte que no permitamos que incluso la ira justa se convierta en pecado: "Temblad, y no pequéis" (Sal. 4:4). En lugar de eso, el salmista exhorta a meditar "en vuestro corazón estando en vuestra cama, y callad. Ofreced sacrificios de justicia, y confiad en Jehová" (vv. 4-5).

Dios es Dios. Nosotras no.

Esta es en muchos sentidos la base de nuestra relación con Él. Más que eso, Él te ama, te valora, y obra en medio de esa horrenda situación que puede resultar difícil de creer aun si Él la escribiera en el cielo con letras de nube y de humo.

En su inescrutable sabiduría y amor, Él es capaz de usar incluso las circunstancias más dolorosas que toquen tu vida en este mundo caído para refinarte y purificarte, para hacerte fructífera, y para exaltar su gracia y su gloria por medio de tu vida. Yo sé que esto es a veces difícil de creer. Yo sé que a tus ojos parece imposible soportar ese dolor una semana, un día, o una hora más.

No obstante, creo que la ira contra Dios se desencadena cuando se tiene una visión defectuosa de Él, al creer que te ignora deliberadamente y que no le importa lo que te sucede a ti.

La verdad es que Él está atravesando esa situación contigo y por ti. Me gusta ese versículo en Isaías que con tanta ternura describe el trato de Dios hacia los hijos de Israel (aun cuando ellos estaban cosechando las consecuencias de sus elecciones pecaminosas): "en toda angustia de ellos él fue angustiado, y el ángel de su faz los salvó" (Is. 63:9).

Y en todos tus sufrimientos, Él sufre. Él está contigo, justo en medio de todo, y allí te ayuda, te ama, sufre tus mismas heridas. Allí te conduce de vuelta a Él, más cerca de su presencia, te hace más dependiente de su gracia y su poder.

Cuando llegues a conocer y a confiar en el corazón de Dios, serás capaz de enfrentar la cruz —como lo hizo Cristo desde las inquietantes sombras de Getsemaní— y aun decir, con lágrimas en los ojos: "no se haga mi voluntad, sino la tuya".

Preguntas de "por qué" y "si"

La suegra de Rut, Noemí, es un clásico ejemplo bíblico de este mismo dilema.

¿Alguna vez has visto a tu cónyuge tomar una decisión imprudente, solo para descubrir con el tiempo que *tú* sufrirías las más duras consecuencias a causa de ello? ¿Has sido tú la única que parece haber pagado por el error de otro?

Entonces puedes entender lo que dio lugar a la amargura en la vida de Noemí.

Durante un período de hambre en su pueblo natal de Belén, su esposo Elimelec tomó una decisión poco visionaria de que su familia fuera a vivir "por un tiempo" a Moab, el tiempo suficiente para que la crisis amainara (Rt. 1:1). Lamentablemente, "un tiempo" se convirtió en muchos años. Y, antes de poder concretar sus planes de volver a casa, Elimelec murió.

Para imposibilitar aún más su regreso a casa y para profundizar aún más sus indeseables raíces en una tierra pagana, sus dos hijos escogieron casarse con mujeres moabitas. Pero en los años siguientes la tragedia golpeó una... y otra vez... con la muerte de sus dos hijos, que dejaron dos jóvenes viudas sin otro hombre con quién casarse.

Y dejaron a Noemí sin familia.

En la bien conocida historia de su retorno a Belén con su nuera Rut, la Biblia registra la reacción del pueblo ante la mujer que se había ido con su esposo en busca de abundancia pero que había regresado más vacía que antes. No solo con las manos vacías, sino con su alma vacía.

"¿Es esta Noemí? —se preguntaban unos a otros—. ¿Era la misma mujer alegre y feliz, entusiasta y complacida con su vida de esposa y madre... antes de que su esposo se la llevara lejos de todo su mundo conocido por seguir un plan arriesgado que solucionara sus problemas familiares?". Al final, sin importar cuán cómplice pudo haber sido de sus planes de reacomodamiento, ella sentía que la decisión necia de su esposo la había arruinado. Hasta donde ella sabía, la vida había terminado.

Ella les decía: "No me llaméis Noemí" —un nombre que significa "placentera"—. En lugar de eso, dijo: "llamadme Mara; porque en grande amargura me ha puesto el Todopoderoso. Yo me fui llena, pero Jehová me ha vuelto con las manos vacías. ¿Por qué me llamaréis Noemí, ya que Jehová ha dado testimonio contra mí, y el Todopoderoso me ha afligido?" (Rt. 1:20-21).

¿Ves a quién culpa por su calamidad? Noemí y Elimelec habían hecho una elección. Si todo hubiera salido bien, es probable que se hubieran felicitado el uno al otro por ser muy listos e interpretar su situación con tanta precisión.

Pero todo *no* había salido bien, y ahora Dios era el responsable.

¿Te ha sucedido algo parecido? ¿Has descubierto que eres víctima de tus malas decisiones o quizá las de otros? Pero en lugar de asumir la responsabilidad por eso o escoger perdonar al que te confundió o maltrató, ¿decidiste más bien enojarte con Dios por permitir que ocurriera este giro desafortunado sin avisarte, sin sacarte del apuro, sin intervenir y detener todo cuando aún podía evitarse el desastre?

Es en este punto que algunos llegan a sugerir que es necesario "perdonar a Dios", como si Él hubiera cometido una falta y necesitara ser absuelto. *¿Nosotros? ¿Perdonar a Dios?* Piénsalo. Aunque lo digas con un corazón que no tiene la intención de ofender o sobrepasarse, la sola idea raya en una blasfemia categórica. Pensar que tenemos ese tipo de poder sobre el justo y soberano Dios, es deshonrar su nombre e inflar nuestra importancia.

No, Dios no necesita nuestro perdón. Él nunca ha sido culpable de cometer errores. De hecho, lo que consideras una cruel injusticia de su parte, puede en realidad volverse la mejor experiencia que jamás hayas vivido. Sabemos bien que, por la omnisciente gracia de Dios, se puede transformar para tu bien, para la gloria de Él y para el progreso de su reino eterno.

Así que te pido que reconsideres lo que hay en el corazón de Dios y veas a Alguien que tiene un plan más profundo y amoroso para tu vida —incluso en medio de esa dolorosa confusión— que el que tú misma podrías imaginar. Puedes estar segura de que si escoges someter tu camino a Él en esta prueba de fe, su presencia y su provisión serán suficientes para ti. Él usará esta desilusión, esta angustia, esta circunstancia inimaginable para enseñarte, adiestrarte y cumplir sus propósitos santos y eternos para tu vida.

La opción de enojarte contra Dios solo puede empeorar las cosas y retrasar aún más tu sanidad.

¿Qué dices?

Noemí no entendió esto. Incluso la palabra que usó para referirse a Dios en su despliegue emocional —*El Shaddai*, "el Todopoderoso", aquel que es todo suficiente— solo acentuaba la profundidad de su ira y desilusión. Ella pensaría: *"Claro, personas como ustedes pueden llamarlo Todopoderoso, Todosuficiente, Jehová... todos esos nombres excelsos y que ustedes se inclinan a creer, pero no yo. En realidad, Él no tiene esos nombres en mi vida".*

Una amiga me contó el otro día acerca de una reciente conversación con su hermana, la cual había experimentado algunas pérdidas significativas y se estaba pareciendo mucho a Noemí. Aunque es cristiana, ella siente que Dios le ha vuelto la espalda y ha traicionado sus expectativas acerca de Él, así que vive su propia vida, independiente de Dios, y toma decisiones que son contrarias a su Palabra. Aunque ella no lo quiere reconocer, su ira y amargura se han vuelto contra Dios.

¿Y tú? ¿Sientes que Dios no ha hecho honor a su nombre en tu vida? ¿Te ha parecido que Él es uno en los sermones y lecciones de la escuela dominical, pero otro cuando más lo has necesitado?

Escucha tus propias palabras. ¿Qué dices acerca de Él? ¿Qué comunica tu vida a otros sobre Él?

Lo único que Noemí atinó a decir fue lo terrible que Dios había sido con ella. En cuanto a ti, cuando las personas te escuchan hablar del nombre del Señor, o describir su carácter, o expresar tu enojo por lo que te ha sobrevenido, ¿qué les inspiras a creer acerca de Él?

Me conmovió mucho una carta que el pastor John Piper escribió hace unos años, después que le diagnosticaron cáncer de próstata.[2] Incluso alguien como él, tan fundado en la Palabra y estable, podría haber reaccionado a esa clase de noticia sin gracia ni fe.

Pero él no lo hizo, por supuesto. Y sus palabras inspiraron mi corazón, como el llamado divino que atraviesa la inmensidad de la eternidad para recordarnos que debemos perseverar hasta el final de esta breve neblina que es el curso de nuestra vida, conscientes de que nuestro Padre celestial todo lo hace bien.

Después de comunicar su diagnóstico, Piper prosiguió:

Estas noticias han sido, por supuesto, buenas para mí. [Esta frase me paralizó: "Estas noticias han sido... ¿buenas para mí?" ¿No será un error de impresión? No... continué leyendo]. El mayor peligro en el mundo es el pecado de la confianza en uno mismo y el letargo de la mundanalidad. La noticia del cáncer tiene un asombroso efecto contundente en ambas. Le agradezco a Dios por eso. Los momentos con Cristo en estos días han sido especialmente dulces...

Dios ha planeado esta prueba para mi bien y para el de ustedes... Así que esta es mi oración: "Señor, para tu gran gloria, no permitas que me pierda alguna de las bendiciones santificadoras que tienes para mí en esta experiencia".

Cuando leí estas palabras, pensé: "¡Este hombre realmente cree lo que predica! Y lo vive en medio del horno de fuego".

La perspectiva de Noemí era muy diferente.

Es indudable que había sufrido mucho. Había tenido que soportar muchas cosas de las cuales no era responsable. Sin embargo, en lugar de correr a Dios como su refugio, respondió a Él con amargura y la evidencia afloraba en su rostro.

Esto me recuerda el versículo que cité antes —Hebreos 12:15— acerca de la "raíz de amargura" que "os estorbe, y por ella muchos sean contaminados".

He visto muchas veces el daño que las "Noemís" pueden causarle a un matrimonio, a una iglesia, a un lugar de trabajo, a un ministerio, a una amistad, a una familia. Su amargura, su enojo hacia Dios y hacia otros es tóxica, aunque ellas son casi siempre las últimas en reconocer su amargura y lo que esta provoca en los demás. En su intento por curar sus heridas o ganar simpatía y comprensión, contaminan todo lo que las rodea.

Nuestra ira hacia Dios se convertirá de forma inevitable en un veneno que emana de nuestro corazón y se derrama, como le sucedió a Noemí. Lo que parece un asunto tan personal se nos vuelve imposible de contener. Créeme, es algo que se nota.

Anhelos insatisfechos

Quizá tu enojo con Dios proviene de un sueño que Él no te ha permitido realizar: un ascenso que le dieron a otro menos capaz, un problema financiero que te obliga a vivir muy por debajo del estándar de vida al cual estabas acostumbrada. Tal vez tu ira contra Dios viene de estar soltera en un mundo donde el matrimonio es la norma. El hecho de no tener hijos puede ser también una fuente de disgusto contra Dios. ¿Por qué se burla Él así de nosotros justo donde más nos duele? Y con todo, debemos aprender a aceptar lo que recibimos —o no recibimos— de Él. Debemos aprender a inclinarnos ante su soberanía.

> *Mientras más viva yo bajo su providencia, más fácil será confiar en Él respecto a los misterios irresueltos de la vida.*

Esto conduce a una elección: culpar a Dios y arremeter contra Él por su caprichosa crueldad, quejándonos e insistiendo en seguir nuestro camino. O confiar en que Él sabe lo que hace, que obra en nosotras para purificarnos y prepararnos para una vida de mayor servicio y utilidad, y que para ello se sirve de uno de sus mayores maestros —el tiempo— para ensanchar nuestro corazón y ampliar nuestra visión.

Este es el duro trabajo al que alude Isaías 26:3, la disciplina sumisa de hacer que nuestro pensamiento "persevere" en el Señor, confiando en Él en aquello que no podemos ver ni entender, aspectos en los cuales debemos aprender a contentarnos con el misterio.

Los pilotos aéreos tienen que aprender a leer sus instrumentos de vuelo y a confiar en ellos. Cuando atraviesan una tormenta o tienen poca visibilidad, pueden desorientarse, su sentido de dirección se altera, y pueden confundirse fácilmente y tomar decisiones que ponen en riesgo sus vidas. En esas situaciones, tienen que hacer una elección consciente de creer en los instrumentos de vuelo, más que en sus instintos o sentimientos.

Para los creyentes, la Palabra de Dios es nuestro tablero de instrumentos. Habrá momentos en nuestra vida cuando, en medio de "condiciones de poca visibilidad", nuestros sentimientos nos traicionen y contradigan su Palabra, insistiendo que Dios no nos cuida o que ha cometido un error. En ese momento, debemos elegir no creer en nuestros sentimientos sino confiar en que su instrumento nos dice la verdad.

Nacimos como personas gobernadas por nuestras emociones y sentimientos. Pero la Palabra dice: "Mas vosotros no habéis aprendido así a Cristo" (Ef. 4:20). Parte de la realidad de ser transformadas en una nueva creación es que nuestros sentimientos no tendrán más acceso absoluto e incuestionable a nuestro interior, el "asiento del conductor".

De esta forma, las líneas que separan a los cristianos y no cristianos comienzan a bifurcarse. No es extraño que el incrédulo tenga poca opción aparte de enojarse con Dios cuando la vida lo golpea. Su estallido emocional carece de un patrón mayor o más convincente que lo confronte, de un instrumento estabilizador y objetivo que le permita ampliar su perspectiva del asunto y dirigir su respuesta.

En cambio, gracias a nuestra redención, es decir, a que hemos sido perdonadas, la gracia de Dios nos capacita para extinguir nuestra ira abrasadora, emocional, humana, bajo la confianza legítima en los propósitos amorosos y eternos de Dios para nuestra vida.

Mientras más viva yo bajo su providencia, más fácil será confiar en Él respecto a mis anhelos insatisfechos y a los misterios irresueltos de la vida; más capaz soy de amarlo y adorarlo con gozo, y de contentarme con lo que Él provee, y con más paciencia puedo esperar aquel día en el cual la fe será vista y todo lo que no tiene sentido para mi limitado marco de referencia será esclarecido.

Perdón extremo

En términos humanos, la madre de Bill Elliff tenía todos los motivos para permitir que una raíz de amargura brotara en su corazón, por la forma en que su esposo pecó contra ella. Luego, como si no hubiera sufrido ya bastante, menos de un año después de que su esposo abandonara el hogar, ella contrajo la enfermedad de Alzheimer. Otra razón posible para estar enojada con Dios.

No puedo imaginar cómo fue, en realidad, ese año para ella (tal vez tú puedas). Sin embargo, puedo imaginar que en ese momento lo más fácil sería resentirse por las consecuencias de las acciones despiadadas de su esposo, pues ahora ella tenía que soportar la pérdida lenta y temible de su orientación y sus facultades, sin un cónyuge amoroso y comprensivo que la acompañara, que la levantara cuando cayera, que aminorara su vergüenza para disimular sus limitaciones crecientes a los ojos de todo el mundo.

Su matrimonio se había ido. Su salud se iría muy pronto. ¿Qué le quedaba para confiar en Dios?

Un día Bill fue a visitar a su madre a un apartamento que la familia había alquilado para que él y su hermana pudieran estar más pendientes de ella. Todo estaba muy tranquilo, demasiado en calma. Y cuando él entró a la habitación de ella, pudo confirmar que algo estaba mal.

Su madre apenas vivía. La tomó en sus brazos y la llevó deprisa al hospital más cercano, donde los doctores confirmaron que había sufrido un derrame cerebral. Antes de que terminara la tarde, había entrado en coma; los médicos manifestaron pocas esperanzas de que pudiera vivir más allá del fin de semana.

A pesar de eso, ella recobró la consciencia de forma inesperada una semana después; pronunciaba palabras que eran incomprensibles al principio, obligando a Bill y a su hermana a esforzarse para comprenderlas. Solo una palabra estaba lo bastante clara para ser entendida, y ella la repitió tres veces:

Perdonar... perdonar... perdonar.

Al día siguiente, cuando su familia se reunió alrededor de su cama —algunas veces cantando, otras orando, otras leyendo las Escrituras o solo hablando de recuerdos con su mamá, que ahora tenía consciencia de lo ocurrido—, el teléfono sonó.

Era el papá de Bill.

La familia puso el auricular en el oído de su mamá... y escuchó cuando ella se esforzó para expresar en palabras su perdón y amor, el regalo de despedida lleno de gracia para este hombre que había herido su corazón pero que no pudo robar su confianza en un Dios bueno y amable. A la mañana siguiente, cuando un breve instante de lucidez le permitió expresar lo que sentía, le dijo a su hijo: "Billy, ¿no fue maravillosa la llamada de papá? Porque esta es la razón por la cual hemos estado orando, ¡que él pudiera volver al Señor!".

Luego, esa noche, volvió a quedar inconsciente. Durante las cinco semanas siguientes, ella permaneció en un coma del que nunca regresó. Pocos días antes de partir al cielo, toda su familia se reunió una vez más alrededor de su cama: sus hijos y su hija con sus cónyuges, sus nietos...

Y su esposo.

Desde que comenzó la prueba, la mamá de Bill se había dado cuenta de que nunca volvería a compartir su vida con el compañero de tantos años. Sabía que su vida nunca sería la misma, nunca más. Pero mientras luchaba con sus emociones y con los desesperantes efectos de su trauma inesperado y tardío, llegó a un punto de rendición en el cual le dijo al Señor: "Lo único que quiero, Padre, es que tú recibas gloria".

> *Él conoce tu corazón. No te ha dejado sola.*

Ella pudo haber escogido la ira, que hubiera sido la respuesta natural. Pudo haber dejado atrás a Dios y no recibir lo que Él ofrecía. Es probable que algunos de sus amigos hubieran estado de acuerdo.

En vez de eso, ella se entregó a los propósitos de Él y pudo ver su cumplimiento.

Y ¿qué de ti? ¿Tu vida tiene algo de lo decepcionante e inaceptable que le sobrevino a Bill, a sus hermanos y a su mamá? ¿Has querido gritar tu ira contra Dios con los dientes apretados y dando golpetazos a las puertas de los cielos, que parecen haberse cerrado a tu corazón y a tu vida con absoluta frialdad?

Escucha lo que Dios le preguntó en dos ocasiones a su resentido profeta: "¿Haces tú bien en enojarte tanto?" (Jon. 4:4, 9).

Amada, Él conoce tu corazón. No te ha dejado sola. Y si confías en su soberanía, sabiduría, bondad y amor, también podrás un día ver la dulce restauración de todas las cosas por las que has orado.

Pero aun si esto no ocurre, encontrarás un refugio en su voluntad y en su cuidado, un lugar bendito al que solo llegan quienes confían en el corazón de Él y siguen confiando a pesar de la oscuridad que los rodea.

Reflexión personal

🖎 ¿Has experimentado alguna herida, desilusión o anhelo insatisfecho que te ha llevado a cuestionar la bondad, la sabiduría o el amor de Dios? ¿Cómo has respondido a esto?

🖎 ¿Qué comunica a otros acerca de Dios tu respuesta característica frente a la adversidad?

🖎 "La ira contra Dios se desencadena cuando se tiene una visión defectuosa de Él" (p. 130). ¿Qué pasos debes dar para desarrollar una perspectiva más acertada de Dios y confiar más en Él?

El cristianismo no considera el pecado con ligereza...

Por el contrario, toma con tanta seriedad los

pecados cometidos contra nosotros que, para

repararlos, Dios entregó a su único Hijo para que

sufriera más de lo que nosotros jamás podríamos

hacer sufrir a otro por lo que nos ha hecho.

—*John Piper*

CAPÍTULO SIETE

QUÉ ES EL VERDADERO PERDÓN Y QUÉ NO LO ES

Espero que, en el transcurso de tu lectura, el Señor haya hablado en realidad a tu corazón acerca de la importancia y el imperativo de perdonar. A medida que recuerdas las situaciones específicas que han hecho del perdón la decisión más difícil de tu vida, yo oro para que no solo hayas visto las profundidades de tu pecado que Dios ha perdonado por causa de Jesús, sino también el profundo pozo de su gracia que puede incluso ahora suplirte todo lo que necesites para mostrar misericordia a otros.

Está a tu alcance. *Él está* ahí, si escoges perdonar.

Es posible que, aun después de leer las Escrituras y de examinar los conceptos que hemos estudiado, todavía te parezca que el perdón es demasiado doloroso y difícil de considerar. O quizás, a decir verdad, te interesa más alimentar tus heridas y saborear tu resentimiento que soltar la ofensa. Ambas actitudes demuestran que no estás lista para perdonar. Si este es tu caso, me siento obligada a dirigirte una amorosa pero seria palabra de advertencia.

Tu renuencia a confiar en Dios y a obedecerle en este asunto —aun si se debe más al agotamiento y al instinto de conservación que a la dureza de corazón— mantendrá contaminada la

El perdón no puede demostrarse por nuestros sentimientos.

atmósfera de tu vida con el veneno de la amargura. Puede que a diario no seas consciente de sus efectos nocivos, pero esto cortará el caudal de la gracia de Dios en tu vida. Satanás lo usará como punto de apoyo para ganar terreno sobre ti, para acusarte como prueba de que no eres todo lo que profesas ser y de que Dios no es tan fuerte y amoroso contigo como habías pensado.

Esto no significa que lo que han hecho contra ti no sea terrible. Pero en realidad no hay bienestar en la falta de perdón. No te reconforta. No te lleva a ningún sitio. ¿Por qué dejar que esto te devore en vida cuando la fuerza de Dios está tan cerca y tan lista para traerte consuelo?

Dicho esto, me doy cuenta de que muchas personas, que en realidad quieren perdonar, han aceptado mitos y conceptos equivocados que han estorbado sus mejores intentos de seguir adelante. Han malinterpretado la forma en que debe ser, verse y sentirse el perdón. Como resultado, su viaje a la libertad se ha truncado.

En este capítulo veremos cuatro mitos que se disfrazan de verdad en el área del perdón. Hay otros, por supuesto, pero estos parecen ser algunos de los más confusos y que gozan mayor credibilidad. Si has caído en alguno de estos errores acerca del perdón, verás cómo la luz de su Palabra disipa la niebla y puedes empezar a caminar libre en Dios, con tu cabeza erguida y tus brazos sostenidos por su asombrosa fuerza. Tu corazón latirá de gratitud por la abundante gracia de Dios manifestada en tu vida.

No siento como si hubiera perdonado

Quizás te hayas dejado confundir por esta conocida suposición: (1) *que el perdón y las sensaciones agradables siempre van de la mano.*

Tal vez has confiado de forma genuina y sincera en Dios para que te ayude a perdonar a tu ofensor; le has entregado tu corazón, has rendido tu ser ante Él, has renunciado al derecho de castigar a aquel que te hirió. Pero entonces el teléfono suena. Llega la fecha de su cumpleaños. Se exaltan los ánimos cuando aquella persona vuelve a manejar situaciones similares con la misma insensibilidad.

Y tus emociones comienzan a avivarse de nuevo.

Es entonces que muchas personas concluyen: "Supongo que en realidad no lo he perdonado, porque si lo hubiera hecho, ya no me sentiría así".

Sin embargo, el perdón no puede demostrarse por nuestros sentimientos, y tampoco puede ser motivado ni autorizado por ellos. El perdón es una elección. Y con frecuencia los sentimientos no lo son. Es posible perdonar a alguien de forma correcta —a la manera de Dios— y aún tener pensamientos que pasen por tu mente y contradigan por completo la decisión que tomaste.

En muchos sentidos, el perdón no es una ciencia para genios. Aunque cada mandato de practicarlo resulta a menudo difícil de reconocer y cumplir, las Escrituras son muy directas en su forma de comunicarlo.

Con todo, tampoco es una ciencia exacta. Perdonar no es como plantar bulbos de tulipán, que una vez plantados nunca más tienes que volver a pensar en ellos, y luego todos aparecen bellos y esplendorosos en la primavera. En lugar de eso, la vida continúa y a veces los viejos sentimientos surgen cuando no estás atenta, salen para volver a sembrarse y crecer, y aparecen a la entrada de tu casa para que tengas que volver a ocuparte de ellos.

Sin embargo, esto no niega lo que tú has hecho. Tan solo te da la ocasión para permitirle a Él gobernar esas emociones, de permanecer en el camino y perseverar en el perdón, por fe.

¿No podríamos olvidarlo y ya?

Muchas personas también viven con este mito: (2) *que perdonar significa olvidar.* Todas apuntan a lo que las Escrituras dicen acerca de la forma en que Dios nos ha perdonado y ha alejado nuestros pecados "cuanto está lejos el oriente del occidente" (Sal. 103:12).

Pero la Biblia no dice que Dios "olvida" nuestros pecados. ¿Cómo puede un Dios omnisciente olvidar algo? En lugar de eso, la Biblia dice que Él no nos ha "tomado en cuenta" nuestros pecados (2 Co. 5:19). Él ha escogido nunca más acordarse de ellos (He. 10:17), no traerlos de vuelta, nunca más acusarnos o condenarnos por ellos. Él nos ha dado el ejemplo de la promesa silenciosa del perdón.

Por eso, el hecho de que no hayas podido olvidar la ofensa no significa necesariamente que no la hayas perdonado.

> *El recuerdo de las heridas pasadas puede ser una poderosa plataforma para ministrar a otras personas lastimadas.*

Podemos sentirnos tentadas a pensar cuán maravilloso sería si pudiéramos olvidar todo el dolor. Cuánto más fácil sería perdonar si no tuviéramos que enfrentar todos los recuerdos. Todos pudiéramos desear que Dios tomara su borrador divino y con una sola pasada quitara de nuestra mente todas aquellas imágenes negativas del pasado. ¿No es así?

No estoy tan segura de eso. He descubierto que los recuerdos más desagradables del pasado pueden ser poderosos recordatorios de la gracia y el perdón de Dios, monumentos vivientes de su misericordia en mi vida, marcas que me mantienen dependiente y confiada en Él. Aun más, el recuerdo de las heridas pasadas puede ser una poderosa plataforma para ministrar a otras personas lastimadas.

Si no nos acordáramos de lo que siente nuestro corazón al ser expuesto y dañado por los golpes del pecado y la injusticia, ¿cómo podríamos llegar a entender el dolor que atraviesan los demás? ¿Cómo podríamos ser compasivas y misericordiosas con otros? ¿Y cómo podríamos comunicarles el consuelo del Señor con eficacia, si no pudiéramos identificarnos al menos en cierta medida con el aguijón del sufrimiento?

Esos recuerdos nos ayudan a comprender cuán fácil puede ser para alguien vivir consumido por la ira y hundido en la desesperación. Nos dan la capacidad de mirar a los ojos de otros y decir: "He pasado por ahí. Sé lo que sientes. Y quiero decirte que la gracia de Dios es suficiente para ti".

Las Escrituras nos recuerdan que la aflicción no solo nos permite recibir el consuelo profundo y abundante de Dios, sino que nos da una base desde la que ministrar ese consuelo a otros:

> Bendito sea el Dios y Padre de nuestro Señor Jesucristo, Padre de misericordias y Dios de toda consolación, el cual nos consuela en todas nuestras tribulaciones, para que podamos también nosotros consolar a los que están en cualquier tribulación, por medio de la consolación con que nosotros somos consolados por Dios (2 Co. 1:3-4).

Esto es muy importante. El perdón es mucho más que una simple vía para "afrontar" nuestras propias heridas. La misericordia y la gracia de Dios, y las lecciones aprendidas a lo largo del camino, tienen el propósito de extenderse más allá de nosotras y ser instrumentos de bendición a otros.

Lo que Dios ha colocado *en* nosotras no es solo *para* nuestro beneficio.

Gracias a Dios, por supuesto, que Él en su misericordia escoge hacer desaparecer para siempre algunos recuerdos de nuestra memoria. Pero gracias también a Él, si te da la gracia para hacerlo, que escoge dejar atrás lo suficiente para hacernos útiles para ministrar a otros.

Si pudiéramos olvidar por completo, también caeríamos fácilmente en ensimismamiento y no podríamos ser útiles. Y en lo profundo de nuestro ser sabemos que así es.

El perdón como un proceso

Aquí está el tercer mito que les impide a muchos experimentar la realidad y las bendiciones del perdón en sus vidas: (3) *que el perdón requiere un proceso largo e interminable, y que solo puede ocurrir cuando la sanidad es completa.*

He escuchado a personas decir: "Estoy moviéndome hacia el perdón" o "estoy en el proceso de perdonar", incluso a veces después de años de consejería y terapia. Es incuestionable que abordar las terribles ofensas a las que fueron sometidas puede ser un viaje arduo y largo para algunas personas. Llegar al punto en que el perdón parece posible es a menudo una historia en sí misma.

Sin embargo, solo diré esto por experiencia: He observado creyentes que durante años "labran su camino" hacia el perdón y nunca llegan allí. De hecho, me atrevería a decir que cuando el perdón se considera principalmente como un trabajo en curso, rara vez se convierte en un trabajo en la práctica.

La decisión de perdonar no tiene que involucrar un proceso largo y prolongado. No puede diferir mucho del perdón que Dios *nos* da y que no consta de una serie de sucesos y controles lentos, dubitativos y discriminadores.

Con todo, la obra de restauración y reconciliación en una relación rota puede extenderse por un período de tiempo, que precisa mucho más trabajo que una simple oración o decisión. Y, cuando creces en tu comprensión de las circunstancias que tuvieron lugar y de los designios de Dios, el perdón en tu corazón puede avanzar hacia niveles más profundos.

Pero, *por la gracia de Dios, puedes escoger perdonar en un momento* determinado y según el nivel de comprensión que tienes en ese punto. Y aunque te falte todavía mucho camino por recorrer, la realidad de ser liberada de la prisión de tu falta de perdón puede ocurrir hoy mismo, en este momento. Eso es un hecho.

Algunos pueden sugerir que el perdón debería ser el resultado y la fase final de un extenso proceso de sanidad. Si bien es cierto que la sanidad de nuestras mentes, emociones, corazones y relaciones en general toma tiempo e involucra un proceso de crecimiento, si esperamos a estar restauradas por completo para perdonar es probable que nunca lo hagamos.

Creo que, como norma general, el *momento* de perdonar es seguido por un *proceso* de sanidad y restauración, y no al contrario. La voluntad de perdonar es a menudo el comienzo para que ocurra una verdadera sanidad. Llegar al punto en el cual perdonamos nos permite entrar plenamente en el proceso de restauración.

Así como has recibido la gracia de Dios en algún momento de tu vida, puedes extender esa gracia a otros como una expresión inmediata de tu voluntad. Y entonces, a medida que creces en Cristo, los frutos del perdón comienzan a florecer. Tu corazón se vuelve más tierno. Tus palabras pierden el tono enojado. Tus respuestas dejan de ser tan aceleradas y automáticas, y se vuelven más amables y bondadosas.

Por eso, aunque *progresamos* en el perdón, este no es un *proceso* que tenga que prolongarse. Sucede, y luego crece en nosotras.

Perdón futuro

Un mito final que debe quedar en evidencia es este: (4) *que el perdón siempre debe mejorar las cosas.*

Parte de nuestra naturaleza humana, hecha a imagen de Dios, es la expectativa de que la vida debe seguir un curso ascendente, hacerse más abundante, plena y satisfactoria con el paso del tiempo. Por eso, los cineastas construyen historias que crecen en intensidad hacia un final emocionante. Por eso, los diseñadores de atracciones de los parques de diversiones construyen montañas rusas que comienzan lento y terminan rápido. Por eso, los conciertos y los fuegos artificiales tienen un "gran final".

No obstante, por regla general, la vida no es así en nuestro mundo caído. Sí, los creyentes en Cristo, que saben que los años vividos en esta tierra no son sino una fracción de su vida eterna, están seguros de que hay un final grandioso que les espera en la gloria. Pero entretanto que esto ocurre, y si hemos de vivir en paz con Dios y con nuestros semejantes, el perdón tendrá que ser una forma de vida. Como has sido herida en el pasado, puedes estar segura de que enfrentarás situaciones futuras en las cuales volverás a ser dañada, denigrada y tratada de forma injusta.

En tu vida enfrentarás el mismo dilema sin cesar —ya sea en tu matrimonio, con tus hijos, en el lugar de trabajo, en la iglesia, o incluso sirviendo en un ministerio—: ¿Perdonas o albergas resentimiento y amargura?

Hace poco meditaba en mi tiempo devocional acerca de 2 Timoteo, la carta que según la mayoría de los eruditos fue la última escrita por el apóstol Pablo desde la prisión, poco antes de su ejecución. Aun en ese momento tan avanzado de su vida, después de años de fiel servicio al Señor, Pablo se encontró con heridas recientes.

Por temor a las represalias del régimen opresivo de Nerón, Pablo dijo de algunos: "me abandonaron todos los que están en Asia" (1:15). Luego estuvo "Alejandro el calderero", quien había provocado graves daños a su ministerio. Este hombre le causó a Pablo "muchos males" (4:14) y tal vez se deleitaba al verle encarcelado.

Hubo otros que fueron colaboradores del evangelio y amigos del ministerio y el llamado especial de Pablo. Sin embargo, cuando aumentó el costo de la amistad y el hecho de aceptar las convicciones de Pablo exigió valentía de parte de ellos, "nadie lo había respaldado". Todos lo habían "abandonado". Aun así, la reacción del apóstol a este tipo de desilusión dañina fue clara: *"no les sea tomado en cuenta"* (4:16).

¿Cómo era capaz de actuar así? ¿Cómo fue capaz de perdonar, y de seguir perdonando nuevas heridas y ofensas?

¿Cómo puedes perdonar a un colega de trabajo inexperto quien al parecer se deleita cuestionando tus habilidades? ¿Cómo perdonas cuando la adicción a la pornografía en la Internet que tu esposo ha ocultado por tanto tiempo sale de repente a la luz, y te sientes azotada por todo el rechazo y la traición que eso significa?

O quizás es algo mucho menos grave y más cotidiano. ¿Cómo perdonar al vecino cuyo perro ladra a media noche y te despierta con frustrante regularidad? ¿Cómo mostrar misericordia a una amiga que convirtió un asunto que le contaste en confianza en una petición de oración para su grupo pequeño?

Convertirlo en un hábito

Pienso que Pablo desarrolló esta habilidad al menos con tres buenos hábitos que ya había cultivado a lo largo de los años. Dos de ellos se mencionan específicamente en este pasaje de 2 Timoteo, y otro parece implícito.

(1) *Pablo ejercitó su total confianza en el poder de Dios y en su plan eterno.* Él no era indiferente a lo que le sobrevenía o sucedía a su alrededor. No vivía en una negación optimista ni intentaba "olvidar" lo que le habían hecho. En lugar de eso, enfrentaba los golpes confrontándolos con esta verdad: "Y el Señor me librará de toda obra mala, y me preservará para su reino celestial" (4:18). Él sabía que aquellos que le habían hecho daño, como Alejandro, tenían un problema mucho más grave por solucionar: "el Señor le[s] pague conforme a sus hechos" (4:14).

Cuando te sientas abrumada por tu incapacidad para manejar tu dolor, cuando tu mente es atacada con molestas respuestas que desearías poder usar contra tu ofensor, cuando la tensión que todo esto genera exceda tu capacidad para soportar, decide entregarle tus preocupaciones al Señor. Convierte tu debilidad en oración. Ríndete por completo a la gracia de Dios y confía en Él para manejar esto a su manera y en su tiempo.

(2) *Pablo estaba más preocupado por su llamado que por su comodidad.* Él sabía que la proclamación del evangelio —la fuerza impulsora de su trabajo y su energía en la vida— era más importante que cualquier suceso de su vida personal. Él reconoció que la fortaleza del Señor no solo era para su propio beneficio, sino "para que por mí [él] fuese cumplida la predicación, y que todos los gentiles oyesen" (4:17).

¿Tiene Dios fortaleza suficiente para ti? Con toda seguridad. Él es capaz de rescatarte "de la boca del león" y liberarte de la asfixiante falta de perdón, tal como lo hizo con Pablo. Sin embargo, Él ha dispuesto algo más para ti que verte feliz y complacida. Su plan, su pasión por transformar personas por medio del poder del evangelio es también el llamado para ti. Y el testimonio acerca de tu perdón será una forma en que Él lo llevará a cabo.

(3) *Pablo aprendió el secreto del dominio propio.* Aunque no es una cualidad que se menciona mucho hoy día, si aprendiéramos a ponerla en práctica a diario podría convertirse en nuestra mayor arma para evitar la falta de perdón.

"Dominarse" significa mostrar control, ser paciente frente a la provocación, ser sufrida y estar dispuesta a tolerar las acciones u omisiones de las personas, para ignorarlas.

El dominio propio es en realidad un subproducto del amor, la clase de amor que cubre "multitud de pecados" (1 P. 4:8), o como Pablo lo expuso con tanta elocuencia en 1 Corintios 13: un amor que "no se irrita, no guarda rencor... Todo lo sufre, todo lo cree, todo lo espera, todo lo soporta" (vv. 5, 7).

Vamos a ver cómo se ve esto en la vida real:

- Tu esposo no se da cuenta de algo especial que hiciste para él.
- Tus hijos adultos no llaman con tanta frecuencia como quisieras.
- Tu jefe te culpa por algo que hizo un colega suyo.
- Tu suegra dice algo que hiere tus sentimientos.
- Alguien pasa por tu lado en la iglesia sin decir una palabra.
- Es obvio que tus padres piensan que estás loca porque vas a tener otro hijo.
- Alguien de la iglesia te pregunta cada semana: "¿Ya encontraste trabajo?".
- Un automovilista casi te atropella por estar hablando por su teléfono celular.

¿Qué haces? Ejerces dominio propio. Lo pasas por alto.

De acuerdo, algunas ofensas deben ser confrontadas y enfrentadas. Pero muchas otras —de hecho, la mayoría— solo deben pasarse por alto y dejarlas ir. (Nuestro problema es que, por regla general, confrontamos los pecados que debemos ignorar y olvidamos aquellos que debemos confrontar).

La falta de dominio propio en nuestros hogares y en las situaciones cotidianas nos lleva a exagerar las ofensas, "hasta que el huevo [de una mosca] llega a ser más inmenso que el que un avestruz haya puesto jamás", como dijo Carlos Spurgeon.[1] Esto aumenta la tensión e intensifica el conflicto, levanta muros en las relaciones, rompe las amistades y nos hace mezquinas y rencillosas. Estoy convencida de que muchos divorcios podrían evitarse si uno de los cónyuges simplemente practicara la gracia del dominio propio. Muchas tensiones e incomprensiones en el lugar de trabajo desaparecerían si aprendiéramos a ser tolerantes unos con otros.

Ejercitar la paciencia en los asuntos cotidianos de menor importancia es una práctica y una preparación importante para extender el perdón en los asuntos mayores que de seguro surgirán.

De los sorprendentes relatos de perdón que oímos o leemos sobre la vida de personas comunes que han padecido circunstancias extremas de presión, dudo que ellas hayan desarrollado

> *Ejercitar la paciencia en los asuntos de menor importancia es una práctica importante para extender el perdón en los asuntos mayores.*

repentinamente esa formidable capacidad para perdonar. Creo más bien que desde un principio han practicado el perdón y el dominio propio en los pequeños contratiempos de su diario vivir.

La mujer que perdona al hombre que la violó y la dejó no solo embarazada sino infectada con el VIH y aún así dice: "Cada vez que sentimos dolor, necesitamos perdonar de nuevo"...

El hombre que vio cómo otro le disparó y mató a su padre por unos pocos dólares que llevaba en la billetera, pero que un día saluda aquellas manos atacantes y declara: "Te perdono... ya pasó"...

La madre que después de ser atropellada por un conductor que manejaba sin licencia y con exceso de velocidad, que mató a sus dos hijos y la dejó grave, y cuyas primeras palabras a su esposo tras volver del coma inducido por los medicamentos son: "¿Lo perdonaste?".

Estos actos heroicos no pasan porque sí. Más bien, son casi siempre confirmados en personas que sabían lo que significaba perdonar mucho antes de enfrentar esa situación extrema.

Tú también puedes ser una de esas personas.

Un mártir, una viuda y un hijo

El 8 de enero de 1956, el mundo cristiano se vio sacudido por la noticia de que cinco misioneros habían sido asesinados por los indios aucas (ahora *huaorani*) en las selvas de Ecuador. El nombre que por lo general viene a nuestra mente al pensar en este suceso es el de Jim Elliot, cuya viuda, Elisabeth, llegó a ser alguien muy querida para nosotras por medio de su ministerio escrito y hablado.

En torno al cincuenta aniversario del martirio, tuve la oportunidad de conversar con Steve Saint, cuyo padre, Nate, estuvo también entre los martirizados aquella trágica tarde en una ribera suramericana. Steve me llevó de nuevo a aquellos días sombríos y me dejó algunos pensamientos e impresiones que no he olvidado.

Quizás entiendas lo que se siente perder a un padre a una edad temprana. Yo solo puedo tratar de imaginar cómo sería el nivel de angustia y sus secuelas. Cuando Marge Saint le dijo a su hijo de cinco años que su padre no volvería, él sintió, por supuesto, la insondable tristeza que solo una pérdida de ese tipo puede producir.

Sin embargo, al preguntarle a Steve, cincuenta años después, si alguna vez había luchado con la amargura hacia los asesinos de su padre, él respondió: "Seguí el ejemplo de mi mamá y las otras cuatro viudas. Nunca, jamás escuché a una de ellas insinuar siquiera que Dios había cometido un error o que *ellos* se habían equivocado". Estas mujeres fueron un modelo de profunda confianza en Dios que fue evidente incluso para sus hijos pequeños.

De hecho, al crear el guion para una versión cinematográfica de la historia, los guionistas insistieron en mostrar la ira y angustia de Steve como ellos imaginaban que se hubieran sentido ante esta tragedia personal. En un momento dado, Steve declaró: "Oigan, eso no fue cierto. Yo nunca odié a esas personas. Nunca quise vengarme".

A lo que ellos respondieron: "Sabemos que eso es verdad, Steve, pero solo porque tu mamá, las otras mujeres y tus abuelos confiaban en Dios. Esa era tu herencia familiar, pero la mayoría de las personas en el mundo no la tienen".

Al reflexionar en esa conversación, Steve me dijo: "Creo que ellos tienen razón. Pero la realidad para mí fue que yo no entendí por qué los huaorani hicieron eso, y que tampoco supe cómo crecería y me convertiría en padre sin tener uno que me enseñara a serlo. Sin embargo, creí que Dios haría un camino y que tenía un plan. Cincuenta años después, todavía creo que Él tiene un plan".

Es asombroso. El poder del perdón. El poder de la fe de aquellas jóvenes viudas, quienes de forma tan obvia y comprensible pudieron haberse consumido por la autocompasión, y que en lugar de eso fueron usadas por Dios para proteger a sus hijos y evitar que transmitieran resentimiento a la próxima generación.

Tenemos la misma responsabilidad por nuestros hijos y por otros que observan nuestra manera de vivir. ¿Qué clase de legado estás dejando a tus hijos y a tus nietos? Si ellos toman ejemplo de la forma en que te ven responder ante el dolor, la desilusión y la pérdida, ¿cómo responderán a las tragedias de la vida? ¿Cómo están moldeando tus respuestas la visión que *ellos* tienen de Dios? ¿Has considerado el efecto que tu espíritu perdonador (o de amargura) tendrá en las generaciones futuras?

¿Tragedia sin sentido?

Es asombroso que algunas de aquellas viudas y sus familiares regresaron a la selva a ministrar a los mismos que habían cometido la masacre, y fueron usados como instrumentos para llevar el evangelio a quienes tomaron las lanzas y de forma cruel terminaron con la vida de sus amados.

Años después, uno de los hombres que asesinó al padre de Steve tendría la oportunidad de ministrar a Steve cuando enfrentó una crisis de otro tipo.

Stephenie, la hija de Steve —la menor de sus cuatro hijos—, acababa de regresar después de un año de gira con Juventud para Cristo como pianista de un grupo musical. Aunque al principio no le agradó la idea, al fin Steve le había dado su bendición a Stephenie para que tomara el año fuera de la universidad, consciente de que ella llevaba un legado misionero, una pasión contra la cual no era fácil luchar. Él y su esposa extrañaron muchísimo a su hija y cuestionaban los riesgos que podría enfrentar. Sintieron descanso cuando ella bajó del avión y regresó por fin a su casa.

Por fin su hijita había regresado.

Durante la "fiesta de bienvenida", ella se apartó a su habitación, quejándose de un dolor de cabeza. En algún momento, su madre, Ginny, llamó a Steve para decirle que Stephenie tenía bastante dolor y que quería que él viniera para orar con ella.

Agradecido (en realidad) por la oportunidad para estar a solas con su esposa y su hija, corrió a la habitación. Ginny cargaba a Stephenie en su regazo como una niña pequeña. Steve las abrazó y oró a Dios que quitara el dolor de cabeza de Stephenie.

Mientras oraba, escuchó un leve sollozo que venía de su hija. Miró su rostro y vio que los ojos de ella se pusieron en blanco. Tenía una hemorragia cerebral masiva.

Cuando llegaron al hospital, ella estaba muerta.

"No sabía lo que estaba sucediendo —dijo Steve—. Incluso tenía la idea de que si hacemos lo que Dios nos pide, Él está obligado a jugar con nuestras reglas. Esto no es así, pero es tentador creerlo".

Fue tentador también para Mincaye, el amigo que se sentó junto a Steve y Ginny en el hospital, el hombre que muchos años antes había empuñado el arma asesina contra el cuerpo de Nate Saint. "¿Quién está detrás de esto? —preguntaba él—. ¿Por qué tiene que morir?".

Sin embargo, cuando la realidad de todo esto comenzó a develarse frente a ellos, este guerrero de la selva amazónica —quien al principio había querido defender a Stephenie del equipo médico y de la ambulancia, de las miradas y los sonidos que él no podía comprender— fue el primero que dio voz a lo que llegaría a ser su mayor consuelo. "Es Dios —dijo él—. ¿No se dan cuenta de que es Dios mismo quien hace esto?".

"Y en ese momento —me decía Steve mientras se enjugaba las lágrimas—, cuando la vida de mi única hija, a quien amaba con todo mi corazón, se extinguía, el abuelo Mincaye, el hombre que asesinó a mi padre, me rodeó con sus brazos de fe y me ayudó a aferrarme a ese legado que había recibido y a pasarlo a la siguiente generación. No siempre entendemos, pero Dios tiene sus razones".

Confianza total. Se cumple el ciclo. Y todo gracias a cinco mujeres valientes que enfrentaron circunstancias indescriptibles conforme al designio de Dios, y cuyo legado continúa rindiendo los frutos que solo Dios puede dar.

¿Quién pudo haber imaginado el alcance del propósito divino que yacía en aquella atrocidad original, el día en que el grito de guerra trajo la muerte a orillas de una pequeña ensenada de la selva ecuatoriana? Con todo, ¿cuántos han llegado a la fe, o han sido movidos a ser misioneros, o inspirados hacia actitudes imperecederas de sacrificio agradecido por causa de esos cinco hombres que perdieron su vida de una manera al parecer tan absurda?

No, no podemos entender los propósitos de Dios, incluso cuando ocurren justo frente a nosotras. No obstante, podemos saber que Él *tiene* un plan, y que su deseo es usarnos para que este se cumpla a lo largo de las generaciones.

Solo si confiamos en su corazón... si perdonamos.

REFLEXIÓN PERSONAL

 Identifica alguno de los cuatro "mitos" que se explican en este capítulo y que te hayan impedido extender un perdón completo.

 ¿Has aprendido el secreto del dominio propio? ¿Qué situaciones enfrentas ahora que precisan ejercitar la templanza?

 ¿Qué tipo de herencia le estás dejando a la próxima generación en relación con el perdón?

Nuestros corazones nunca deben perder

de vista el objetivo del evangelio:

la reconciliación primero con Dios y luego,

en Cristo, de unos con otros.

—*Pastor Chris Brooks*

CAPÍTULO OCHO

DEVOLVER UNA BENDICIÓN

Mitsuo Fuchida fue el piloto que dirigió el ataque japonés a Pearl Harbor. Era un aviador audaz y experto, seleccionado especialmente para ese papel dominante, y quien dio la orden: *¡Tora! ¡Tora! ¡Tora!* a los 360 aviones de combate que volaban a su lado.

A la matanza de 2300 marines norteamericanos la denominó: "La hazaña más emocionante de mi carrera".

Pero lo que la mayoría no sabe es que en 1949, menos de ocho años después de la ofensiva en Pearl Harbor, este osado bombardero llegó a la fe en Cristo.

Dios utilizó dos acontecimientos notables para dar lugar a esta conversión "improbable".

El primero vino poco después de la guerra, mientras Fuchida hablaba con un amigo que había sido uno de los japoneses capturados y detenidos en los Estados Unidos. Curioso por oír cómo los norteamericanos habían tratado a sus prisioneros, oyó el relato de su amigo acerca de una voluntaria de dieciocho años que no había cesado de cuidar y atender las necesidades de los japoneses. Cuando los prisioneros le preguntaron por qué era ella tan servicial con ellos, ella respondió de repente y de forma ilógica: "Porque los soldados japoneses mataron a mis padres".

Los padres de esta joven habían sido misioneros en Japón cuando aumentaron las hostilidades internacionales que condujeron a la Segunda Guerra Mundial. Tras ser juzgados como espías, fueron decapitados después de escapar a Filipinas. Su hija, que solo supo la noticia tres años después de haber sido evacuada a los Estados Unidos, había reaccionado a la noticia de forma natural, con amarga tristeza e ira.

Sin embargo, como conocía a sus padres, al final llegó a la conclusión de que ellos habrían perdonado a sus asesinos. Ella lo sabía. Por consiguiente, debía perdonarlos también. Y no solo perdonarlos, sino devolverles bendición. Y por eso estaba allí en los campamentos, dijo ella, amando a sus enemigos.

Esta idea dejó pasmado a Fuchida. ¿Cómo podía alguien responder así al asesinato de sus padres?

Luego, varios años después, él recibió un pequeño folleto mientras esperaba en una estación de tren. Aunque era más probable que él lo tirara, despertó su interés el hecho de que había sido escrito por otro aviador. La historia del sargento Jacob DeShazer, *Yo fui un prisionero en Japón*, fue el primer relato de un piloto norteamericano que fue obligado a lanzarse en paracaídas desde su avión durante los bombardeos de la incursión Doolittle sobre Tokio, como represalia por el ataque a Pearl Harbor.

DeShazer fue capturado de inmediato por los militares japoneses y describió los siguientes tres años como una pesadilla interminable de tortura y hambre, de incesantes ejecuciones que acabaron con la vida de sus compañeros detenidos, y del confinamiento solitario que redujo su espacio al mínimo al tiempo que inflamó y aumentó su odio.

Sin embargo, durante dos años de su cautiverio, recibió algunos libros para leer bajo los destellos de luz que llegaban a su celda y, entre ellos, había una Biblia. Como luz en la oscuridad, la Palabra penetró en su corazón, en especial el versículo que hablaba de forma tan específica acerca de su situación presente: "Amad a vuestros enemigos".

Transformado por la gracia de Dios, DeShazer resolvió empezar a hablar a sus captores en un tono respetuoso, aun cuando su trato hacia él era cruel y degradante. "Oré para que Dios perdonara a mis verdugos —escribió en el folleto—, y resolví con la ayuda de Dios hacer mi mejor esfuerzo para presentar a estas personas el mensaje de salvación".

> *El perdón supone mucho más que la simple liberación de nuestros ofensores.*

Fuchida leyó la historia de DeShazer con asombro, y entonces corrió a comprar una Biblia para buscar él mismo la verdadera fuente de donde provenía este extraño mandamiento: "Amad a vuestros enemigos".

La historia termina cuando Fuchida se encuentra con Cristo, se vuelve un evangelista e incluso forma equipo con DeShazer para hablarle a grandes multitudes por todo Japón y Asia, lo que condujo a ambos hombres a una amistad, y a muchos a la salvación.[1]

Y todo esto sucedió gracias a dos personas que no cesaron de perdonar, sino que fueron "más allá": dos personas que recibieron daño y devolvieron amor.

Sellar el trato

He conversado con personas que creen que han perdonado de verdad a sus ofensores y han presionado la tecla de borrar, pero que aún se sienten atrapadas emocionalmente. Cuando piensan en esa persona, todavía se sienten atados. No han podido avanzar con paz o libertad. Algo todavía los detiene.

La Palabra de Dios nos da una importante clave para recorrer todo el camino del perdón. Este supone mucho más que la simple liberación de nuestros ofensores; debemos además extender la gracia de Dios y construir puentes de amor devolviendo bendición por maldición, bien por mal.

¡Pero yo lo he perdonado! No guardo rencor. Te felicito por haber dado el valiente paso de liberar a tu(s) ofensor(es) del control de tu propia ira y venganza.

Pero déjame decirte que hay más... Dios quiere que vivas en la clase de libertad que irradia su luz y amor desde tu sonrisa y tu apretón de manos hasta la misma planta de tus pies.

El verdadero perdón va más allá de decir: "Lo he perdonado". Como lo explicó Thomas Watson, el pastor puritano del siglo XVII:

> *¿Cuándo perdonamos a otros?* Cuando luchamos contra todos los pensamientos de venganza, cuando no hacemos daño alguno a nuestros enemigos, sino que les deseamos el bien, nos dolemos por sus calamidades, oramos por ellos, buscamos la reconciliación y nos mostramos

siempre dispuestos a ayudarlos. Este es el perdón del evangelio.[2]

¡Esa es una norma elevada! Estamos llamadas a perdonar a otros como Dios nos ha perdonado. ¿Cómo nos ha perdonado Él? No solo te dice: "Estás perdonada", Él dio la vida de su Hijo por nosotras cuando éramos sus enemigas. Nos buscó cuando no queríamos estar con Él. Nos adoptó en su familia. Nos hizo coherederas con Cristo. Ha prometido nunca dejarnos ni desampararnos. Nos consuela y satisface nuestras necesidades; "cada día nos colma de beneficios" (Sal. 68:19). Esta clase de gracia pródiga e inmerecida constituye el ejemplo que debemos seguir a la hora de perdonar.

Perdonar a alguien es como quitar el cerrojo y abrir las ventanas para dejar que el viento fresco de la gracia de Dios comience su obra sanadora. Pero cuando damos el paso deliberado de bendecir a nuestros ofensores —de amar a nuestros enemigos— tenemos acceso a todo el poder del perdón.

Vuelvo a la historia de Gracia Burnham para ilustrar este poderoso principio. En un capítulo anterior relaté cómo ella y su esposo soportaron la prueba horrible de ser secuestrados y maltratados durante varios meses en los montes filipinos.

En su libro *Volar otra vez*, Gracia nos cuenta acerca de uno de sus captores, un joven al que llamaban "57" por el lanzacohetes M57 que siempre llevaba cuando partían en sus travesías. Siempre era hosco, malhumorado, siempre peleaba y los miraba como si en cualquier momento fuera a devorarlos. Ellos nunca sabían lo que él iba a hacer, ni cómo podían evitar ofenderlo fácilmente.

Pero el esposo de Gracia, Martin, descubrió un día que "57" sufría de intensos dolores de cabeza, que quizá provocaban gran parte de su exagerada irritabilidad. Así que Martin comenzó a ofrecerle pastillas para aliviar su dolor que tenía en su pequeño botiquín, y otras sustancias naturales.

"La actitud hacia Martin cambió al instante —recuerda Gracia—. A partir de ese momento, mi esposo fue su amigo".[3]

Un simple acto. Una pregunta atenta. Una aspirina. No obstante, llegar a esto exigió que Martin ignorara un millón de razones que lo movían a ser indiferente al dolor de cabeza de aquel hombre malhumorado, ¡e incluso para desear en secreto poder darle a *todos* sus captores un serio dolor de cabeza!

Sin embargo, escucha las palabras de Gracia años después de su cruel cautiverio, de haber visto el asesinato de su esposo como consecuencia de este, de ser defraudada en todo lo que esperaba de la vida: "Hasta el día de hoy recuerdo con cariño a ese joven por lo que Martin hizo por él".[4]

> *Dios nunca ha visto una circunstancia tan horrible que no pueda transformar en un trofeo de su misericordia y su gracia.*

Cerrar el asunto. Superarlo. Ser capaz de avanzar al día siguiente libre de la necesidad de represalia y venganza.

No existe razón alguna por la que no puedas participar junto con Dios en obtener la victoria total y completa, incluso si pensamos en las situaciones más desgarradoras que hayas enfrentado —situaciones "imperdonables" como decimos algunas—. Pero para lograrlo, tendrás que tomar en serio —y de forma literal— todo lo que Dios ha dicho al respecto, lo cual incluye algo que puede parecer inconcebible: *bendecir a tus ofensores.*

Como indiqué en el capítulo anterior, Dios escoge a menudo dejar algunos de nuestros recuerdos dolorosos, sentimientos y efectos persistentes de heridas pasadas, para que podamos ser misericordiosas y compasivas hacia aquellos que pasan por pruebas similares. Este es, en realidad, un gran privilegio que nos concede un Dios que es más amoroso de lo que muchos esperan de Él, y que nunca ha visto una circunstancia tan horrible que no pueda transformarla en un trofeo de su misericordia y su gracia.

Pero al decir esto, no pienso ni por un momento que debas vivir el resto de tu vida bajo el peso y la carga de todas esas emociones no resueltas. Y la razón por la que muchas seguimos ahí y no nos hemos movido hacia una sanidad más completa en esas áreas... es que no hemos llegado al punto de bendecir de corazón a aquellos que nos han dañado.

Tenemos que seguir adelante. Debemos terminar lo que Dios ha comenzado... por nuestro bien, por el bien de ellos... y para la gloria de Dios.

Reescribir el agravio

Encontramos este principio de bendecir a otros en Romanos 12, no como un accesorio opcional, ni como un curso avanzado de la vida cristiana. Este pasaje es para ti y para mí, y para cualquiera que necesite la ayuda de Dios para perdonar completamente. Fíjate en la progresión:

Primero: "No paguéis a nadie mal por mal" (v. 17).

La Palabra es muy directa y clara. Dios te dice que no devuelvas el mal que has recibido de otros. Ese es *su* trabajo:

No os venguéis vosotros mismos, amados míos, sino dejad lugar a la ira de Dios; porque escrito está: Mía es la venganza, yo pagaré, dice el Señor (v. 19).

Está bien, ya entendí esa parte. No debemos devolver mal por mal; la venganza es el trabajo de Dios, no el mío.
Pero hay más. Aquí está lo que nos corresponde hacer:

Así que, si tu enemigo tuviere hambre, dale de comer; si tuviere sed, dale de beber... No seas vencido de lo malo, sino vence con el bien el mal (vv. 20-21).

No pases por alto el increíble poder que contiene esta verdad. No solo no tenemos que ser víctimas del mal que otros nos inflingen; en realidad, podemos *vencer* el mal... ¡con el bien!

Quiero que repitas el ejercicio mental de identificar a tus ofensores, los que te han causado dolor y pérdida, y a quienes ha sido más difícil tratar de soltar y perdonar. Y, al pensar en ellos, quiero que retrocedas hasta llegar a los sentimientos dolorosos aún latentes en tu interior... y quiero que veas a esa persona como alguien en necesidad. Porque en realidad lo está.

Cuando esa persona te hirió —ese cónyuge, ese novio, ese padre, ese exesposo, esa compañera de habitación, esa tía o tío, ese extraño que vino de repente a estropear tu vida— reveló que tiene una necesidad, una que él o ella quiso satisfacer indebidamente a costa de tu bienestar.

¿Realmente quieres experimentar toda la libertad del perdón? Pídele a Dios que te muestre la verdadera necesidad que hay en la vida de tu ofensor. Luego, pídele a Él cómo quiere usarte para suplir esa necesidad.

Esto es exactamente lo que sucedió en la vida de José, que mencionamos al principio. Él fue maltratado por sus hermanos, por la esposa de Potifar, por el compañero de prisión que le había prometido ayudar a propiciar su liberación, pero que a cambio se olvidó de él. Con todo, cuando José llegó al final de su prueba, cuando el perdón ya se había vuelto parte de su corazón, empezó por bendecir a los mismos hermanos que habían provocado todo ese sufrimiento.

Siempre me maravillo al leer cómo José respondió a sus hermanos que lo habían agraviado de forma tan profunda. Él se negó a devolver mal por mal. No quiso jugar el mismo juego de ellos. Aun así, no se conformó con una simple actitud no vengativa (mostrar *misericordia*), lo cual ya es bastante duro. En lugar de eso, fue "más allá", al disponerse de manera activa e intencional a ministrar a las necesidades de ellos (extender la *gracia*):

Ahora, pues, no tengáis miedo; yo os sustentaré a vosotros y a vuestros hijos. Así los *consoló*, y les habló al corazón (Gn. 50:21).

¡Eso es sobrenatural! Ese es el corazón redentor y restaurador de Cristo que nos alcanzó cuando merecíamos la ira de Dios y en lugar de eso derramó su gracia sobre nosotras.

Es también la esencia de las instrucciones de Pablo a los corintios en relación con un miembro de la iglesia que había pecado y necesitaba en ese momento restauración: *"perdonarle"*, *"consolarle"* y que *"confirméis el amor* para con él" (2 Co. 2:7-8).

¿Esto suena muy difícil en tu caso? Debiera serlo. Es *demasiado* difícil. Si en algo necesitamos que el Espíritu Santo nos habilite para obedecer su Palabra, es en esto. Las personas que intentan llevar vidas sin la ayuda de la gracia y la salvación de Dios no tienen ninguna posibilidad de hacer lo que exigen estos versículos. Pero tú sí puedes. De otra manera, Jesús nunca hubiera tenido razón alguna para decir:

> Amad a vuestros enemigos, haced bien a los que os aborrecen; bendecid a los que os maldicen, y orad por los que os calumnian (Lc. 6:27-28).

Así que, escúchame bien: Esto no es algo que puedas hacer, pero sí algo que Dios puede hacer por medio de ti. Y, si quieres avanzar en el proceso de sanidad, esto es lo que debes hacer: Cuando ya has llegado al punto de perdonar por completo a tus ofensores, de liberarlos, de presionar esa tecla de borrar, pídele a Dios que te muestre cómo puedes hacer bien a tu ofensor, a aquel que pecó contra ti.

Esto no tiene que ser algo espectacular. Puede ser sencillamente que uses palabras amables para responder a los que demuestran odio. Puede ser una comida preparada de manera especial. O que te ofrezcas para realizar una de las tareas domésticas que sabes que ella detesta. Incluso una tarjeta prepagada para ir a un restaurante favorito o una nota cariñosa que colocas en uno de sus cajones de ropa.

Comienza allí. Ve lo que ocurre, si no en él o ella, entonces lo que sucede en ti. Y debes estar atenta al siguiente paso que Dios te guía a tomar, hasta que en realidad comienzas a experimentar gozo —el gozo de Dios— al bendecir a alguien que te trató de forma tan cruel. Haciéndolo vencerás el mal con el bien.

Ese es el nivel elemental de la obediencia. Nada podría ser más real, eficaz o poderoso... para ti y para tu ofensor.

Fui testigo de esta experiencia en la vida de una amiga cuyo esposo la había ofendido mucho. Ella sabía que no podía albergar amargura en su corazón, así que lo perdonó. Sabía que no podía vengarse, así que, tan duro como fuera, se negó a devolver mal por mal.

Sin embargo, la libertad en su espíritu así como la restauración y el arrepentimiento final de él vinieron cuando ella determinó devolverle bien por mal: se levantaba cada día al amanecer para prepararle el desayuno antes de que saliera a trabajar, le lavaba su ropa, oraba para que fuera bendecido, respondía a sus accesos de cólera con palabras bondadosas, y buscaba su perdón cuando fallaba en hacerlo.[5]

Cada acto de (inmerecida) bondad servía para sepultar cualquier amargura a la que ella se hubiera sentido inclinada y, al mismo tiempo, plantaba una semilla de gracia en el corazón del hombre en quien ella esperaba ver la restauración de Cristo.

Tal es el fruto del perdón que va "más allá".

Un matiz más profundo del perdón

Según la naturaleza y las circunstancias de tu relación con quienes te han agraviado, puede que no sea apropiado para ti reencontrarte cara a cara o restablecer contacto con ellos. Como advertí al principio, esta decisión debe tomarse con la asesoría de tu pastor o una amiga madura y piadosa que pueda ayudarte a manejar esto de forma bíblica y segura.

Pero, sin importar quién sea esa persona o lo que te ha hecho, hay por lo menos algo que tú puedes hacer: orar por él o ella. Y me refiero a orar de verdad por esa persona.

Puedes suspirar y decir: "No creo que pueda orar para que Dios bendiga a ese hombre o a esa mujer... ¡Ni siquiera quiero que

Dios lo haga!". Sin embargo, te aseguro que, cuando comiences a hacerlo por pura obediencia a la Palabra de Dios, descubrirás la misma verdad que yo encontré en mi propia vida: que no puedes odiar por mucho tiempo a alguien por quien estás orando, a alguien por el cual pides la bendición de Dios y que sea restaurado a una correcta relación con Él.

Nuestra meta principal para nuestros ofensores debe ser su reconciliación, primero y ante todo con Dios, y luego, si es posible, con nosotras. Podemos procurar el logro de este objetivo final si construimos puentes de amor y bendición a lo largo de la línea divisoria. A pesar de la respuesta de ellos, ¿cómo podemos mantener los muros alzados —rehusando buscar su bendición y restauración—, y esperar que experimentemos una comunión íntima con Dios?

El poder del amor del Calvario

No somos las únicas que terminan liberadas cuando escogemos perdonar y bendecir a aquellos que han pecado contra nosotras. En el gran plan de Dios, nos convertimos en instrumentos de su obra redentora —canales de su misericordia y gracia— en la vida de aquellos que al final reciben esta bendición. Ellos son confrontados con la realidad del amor del Calvario, cuando saben que merecen justo lo contrario.

Al final, tales medidas tan inmerecidas e inexplicables resultan ser los medios para llevarlos al quebrantamiento y al arrepentimiento por su pecado.

Hace poco recibí un correo electrónico de un colega, que sabía que trabajaba en un libro acerca del perdón, y que se animó a recordarme cómo afectó su vida la reacción de su esposa cuando, tras ser golpeada por su traición, ella le respondió a él con bendición.

Hasta ahora, él puede recordar, como si fuera ayer, la mirada angustiada, la expresión horrorizada en el rostro de su esposa cuando le confesó su descarada inmoralidad. "Ella se sintió muy herida —escribió él—. Fue algo inconcebible. Nunca podré olvidar la terrible conversación que tuvimos".

Pero hay algo más que él todavía recuerda, algo que vino a ser aun más poderoso que el daño, no solo en la vida de su esposa, sino en su propia restauración: "Algo que todavía permanece en mi mente, casi cuatro años después, es la ausencia de reproche y de actitudes vengativas que buscaran herirme en pago por lo que hice".

En realidad, ella estaba destrozada y "muy, muy enojada". En términos humanos, ella tenía toda la razón para estar así. Pero, a pesar de todo —la pérdida de muchas amistades, la confusión en su familia como resultado del pecado de su esposo, e incluso tener que trabajar para compensar su pérdida de ingresos—, "ni una sola vez me ha hablado con amargura, mezquindad o rencor".

Él continuó: "Esto me asombra. Y no deja de asombrarme. Creo que el increíble amor y sacrificio de mi esposa es la razón por la cual aún estamos juntos y que yo he vuelto a servir al Señor".

Ese corazón perdonador no vino de forma fácil a esta mujer. Dos semanas después de ser descubierto el pecado de su esposo, tuvo que hacer un viaje de dieciséis horas. De regreso a casa, empleó todo el tiempo en oración, clamando al Señor, derramando el dolor de su corazón, orando por su esposo y sus hijos y tratando de decidir si debía abandonarlo.

El viaje resultó ser un punto decisivo. Durante ese viaje de regreso a casa que parecía interminable, Dios le recordó todo lo que Él había hecho por ella, y cómo había extendido su perdón por su pecado. En su corazón, ella sabía que Dios le estaba dando una opción: responder con amor y gracia, como Dios la había recibido a ella, o negar la gracia de Dios y convertirse en una mujer amargada.

"Gracias a Dios —su esposo escribió—, ella escogió la primera. Gracias a esa elección, estoy aquí hoy restaurado, de nuevo en comunión con Dios, mi familia y otros. No ha sido un camino fácil. Ha requerido discusiones difíciles, un proceso intenso de rendir cuentas y recibir consejo de personas compasivas y piadosas. Pero todo esto ha sido posible gracias a que mi esposa escogió perdonar. No puedo pensar en esto sin darme cuenta otra vez del increíble amor y la gracia de Dios. Yo estaré agradecido por siempre".

No puedo prometerte que al bendecir a tu ofensor tendrás como resultado este tipo de "final de cuento". Sin embargo, puedo en gran medida prometerte esto: si *no* escoges devolver una bendición, puedes estar casi segura de que nunca verás la reconciliación que tu corazón anhela.

He observado cómo Dios hace lo que parece increíble cuando sus hijos se han dispuesto no solo a perdonar a sus ofensores, sino a dar un paso más y devolver bien por mal. Siempre aconsejo a las mujeres: "Lo creas o no, si te lo permites, Dios puede en realidad llenar tu corazón de profundo amor y compasión por aquella persona a la cual has odiado por años". Y he visto que Él lo hace.

Sí, es un milagro de la gracia de Dios. Es un milagro que puedes experimentar, no una sola vez, sino una y otra vez, cuando cultivas un corazón perdonador, uno que perdona a otros como Él te ha perdonado a ti.

🖉 Pregúntale a Dios cómo quiere Él que comiences a poner en práctica Lucas 6:27-28 y Romanos 12:20-21. ¿Cuál es el enemigo que necesitas bendecir? ¿Cuáles son algunas de las formas apropiadas de satisfacer las necesidades de él o ella, invertir en su vida y extenderle la gracia de Dios?

Cuando Jesús, clavado a una cruz romana, oró: "Padre, perdónalos", empuñó un arma contra la cual ni el mismo César tuvo poder... ¿Quién puede oponerse a la fuerza del perdón?

—*Elisabeth Elliot*

EL PODER DEL PERDÓN

Perdonar a otro no es una tarea fácil. Yo lo sé. Incluso mientras le daba los toques finales a este libro, he experimentado una serie de "ofensas" aisladas, más bien pequeñas en su mayoría, aunque difíciles de asimilar.

Algunos de estos agravios me han golpeado en puntos sensibles y han sacado a flote de forma dolorosa relaciones y asuntos difíciles que consideraba resueltos; fue como abrir una herida que no se ha curado por completo.

A pesar del hecho de que he empleado los últimos meses sumergida en el tema del perdón —o quizás por esto—, me he hallado en una intensa batalla: mis emociones y mi carne quieren con desesperación mantener la herida, alimentar el daño y "castigar" a aquellos que lo provocaron, mientras el Espíritu en mi interior insiste sin cesar con toda amabilidad: *"¡Déjalo ir! ¡Perdona... contrólate... presiona la tecla de borrar!"*.

En medio de mi lucha con estos asuntos, mi corazón se ha sentido perseguido, casi acosado, por las palabras que he escrito en estas páginas. Y, en esta prueba reciente, he tenido que hacer una elección, por difícil que haya sido, de renunciar a cualquier derecho de aferrarme a la herida o de ser una cobradora de deudas. He tenido que doblegarme ante la soberanía de Dios, aceptar cada daño como un regalo necesario y santificador, y recibir su gracia para escoger el camino del perdón. Hacer otra cosa sería firmar mi propia sentencia de prisión y constituiría una grave ofensa contra Dios, ¡más aún a la luz de todo lo que me ha perdonado!

Quizá tu recorrido a lo largo de estas páginas ha puesto en evidencia asuntos y emociones difíciles, y ha vuelto a recordarte —como si lo necesitaras— que el perdón es un empeño costoso.

En verdad lo fue para Jesús. Sigue siendo así para nosotras.

No obstante, es mi esperanza y mi oración que ante todo quede realmente grabado en tu mente, como lo está en la mía ahora más que nunca, la gracia que se nos ha concedido por medio de nuestra relación con Jesucristo, amplia y suficiente, apretada y rebosante, a las que estamos listas para salir de la prisión de la amargura, listas para deponer nuestras armas y dejar toda resistencia... dispuestas a perdonar a otros como hemos sido perdonadas.

El perdón es una herramienta poderosa en las manos de un Dios Todopoderoso para traer sanidad por doquier, a toda clase de situación o relación imaginable, pasada o presente.

En efecto, la falta de perdón puede tener un poderoso asidero en nosotras, lo bastante fuerte para alejar a las personas de nosotras y mantenerlas a distancia durante años. Todas sabemos cuán fuerte puede ser su atadura.

Pero el poder de la falta de perdón es poder desperdiciado, es energía gastada que rinde muy poco fruto por todo lo que hemos invertido en ella.

Solo el poder del perdón puede realmente mantenernos en la voluntad de Dios, con paz en la tormenta, llevadas adelante en el fluir ascendente de sus planes y propósitos eternos para nuestra vida, yendo a lugares que tienen un propósito verdadero.

Hemos visto el poder del perdón para traer sanidad a la vida del *ofensor*, como el piloto de Pearl Harbor, o el médico cuyo error quirúrgico terminó de forma prematura con la vida de una mujer.

Hemos visto el poder del perdón para traer sanidad a la vida del *ofendido*, como en Gracia Burnham, o la esposa en el capítulo anterior que pudo haber permitido que las decisiones equivocadas de su esposo destruyeran su matrimonio.

El perdón es una herramienta poderosa en las manos de un Dios Todopoderoso para traer sanidad por doquier, a toda clase de situación o relación imaginable, pasada o presente.

De hecho, el perdón puede tener un efecto duradero en situaciones y relaciones futuras. Cuando escoges el camino del perdón, Dios puede usar tu obediencia para evitar que hábitos pecaminosos y dolor innecesario se transmitan a tus hijos y a las generaciones futuras.

Hace poco un amigo me envió un correo electrónico en el cual relataba algunos recuerdos de su niñez. Su mamá había vivido con una madre que tenía un temperamento terrible que nunca pudo controlar. Al seguir los mismos pasos, la madre de mi amigo, aunque ahora es una piadosa cristiana desde hace muchos años, era también una mujer airada que a menudo descargaba su furia en su familia.

Por alguna razón, la hermana de mi amigo, Bonnie, fue la que recibió en su infancia lo peor de la furia devastadora de su mamá. Ella creció odiando el trato que había recibido de su mamá.

Después que Bonnie se casó y tuvo su primer hijo, se conmocionó un día cuando su hijo pequeño, de menos de un año, hizo algo "malo" y se descubrió gritándole con rabia. Horrorizada, se dio cuenta de que la ira de su abuela y de su madre era ahora la suya. Esto la asustó. La espantó escuchar palabras que ella aborrecía, palabras que había prometido nunca usar contra sus propios hijos y que ahora salían de su boca con el mismo volumen y facilidad. Ella se arrodilló y le rogó a Dios que la librara de esto.

Algunos meses después, ella asistió a una conferencia donde una oradora hablaba acerca de la importancia del perdón y animó a su audiencia a tratar las heridas pasadas como un "disco antiguo" (¿recuerdas los discos antiguos, antes de las cintas, los CD y las descargas digitales?), y que dejaran de escucharlo una y otra vez en su mente. Ella las instó: "Tomen el disco de esos daños y rómpanlo sobre sus rodillas. Solo entonces —dijo ella—, ustedes serán libres y capaces de amar a aquellos que las han herido".

Bonnie tomó en serio aquellas palabras y como un acto de obediencia y fe "rompió el disco" que había repetido tantas veces en su mente: el disco de los arrebatos y las acciones de ira de su mamá, de las palabras hirientes y humillantes que le dijo siendo niña. Por la gracia de Dios, ella perdonó por completo a su mamá.

Dios no solo reparó el abismo que existía entre Bonnie y su madre, sino que, de forma milagrosa, quebrantó esa atadura de ira en su propio corazón y la hizo libre al romper un hábito pecaminoso que había atormentado a tres o más generaciones.

Como dice mi amigo de su hermana: "Bonnie ha sido una de las madres más amorosas, sabias y piadosas que jamás he visto.

No ha estallado de ira contra sus hijos como lo hizo su mamá. Dios puso fin a todo esto —de forma completa y permanente— cuando ella decidió perdonar a nuestra madre —de forma completa y permanente— por lo que había cometido contra ella. Bonnie podría decirte hoy, como ha aconsejado a muchas mujeres a lo largo de los años, que el perdón fue la clave para recuperar y transformar su vida".

Este es el poder del perdón.

Sin embargo, nunca debemos olvidar esto: el perdón es más que un camino para encontrar la libertad personal, más que una vía para aliviar el dolor que sentimos en nuestro corazón. Es incluso más que una vía para mantener la esperanza de reconciliarnos con aquellos que nos han lastimado.

En un sentido, todos estos beneficios son secundarios frente a un resultado mucho mayor. La meta final del perdón, al igual que la meta última de nuestra vida, debe ser *glorificar y honrar a Dios.*

El perdón en la vida de un creyente deja ver el asombroso y redentor corazón de Dios; exhibe las riquezas de su abundante misericordia y su gracia sorprendente a la vista de todos.

Sentada aquí en mi computadora, mientras medito en todo lo que hemos considerado acerca del perdón en este libro, el estribillo de aquel gran himno de Samuel Davies (1723-1761) sigue sonando en mi mente:

¿Quién es tan perdonador como tú, Dios?
¿O quién tiene gracia tan abundante y gratuita como tú?[1]

A eso se reduce todo. El perdón no tiene que ver tanto con nosotras como con Él. Cada oportunidad que encuentras para practicar el perdón es una ocasión para llamar la atención hacia el Dios que tanto se deleita en mostrar misericordia y en perdonar a los pecadores, que dio a su único Hijo para hacerlo posible. Cuando las personas a tu alrededor ven que perdonas, cuando escuchan tu conversación, cuando observan tus reacciones, pueden ver a Cristo de una forma como nunca lo han conocido. Y también pueden ser movidos a amar, a adorar y a confiar en ese gran "Dios perdonador".

El perdón no es solo un acto de obediencia por la simple búsqueda de la obediencia. Sí, se nos ordena perdonar. Y sí, nosotras que hemos sido tan perdonadas, en realidad, no tenemos ningún derecho a ser cobradoras de deudas. Pero más que una obligación, el perdón es un llamado de lo alto, una oportunidad para ser parte de algo eterno, para demostrar nuestra gratitud a Aquel que nos perdonó todo (y tú sabes lo que "todo" significa en tu caso).

Piensa en esto como una ofrenda, un sacrificio, un regalo de amor para Dios... solo para Él. Si Dios aumenta la bendición haciendo que nuestro perdón sirva de ayuda para nosotras y para otros, tanto mejor. Con todo, saber que Él se complace con esto y recibe alabanza es una razón y una recompensa suficiente.

El himno de la eternidad

Para aquellos que no lo conocen bien, el perdón puede parecer debilidad: rendirse, dejar que el mal triunfe, que ganen "los malos". De hecho, en un primer momento, el Calvario mismo pudo parecer una derrota: el príncipe de las tinieblas que triunfa sobre el Príncipe de Paz y lo deja indefenso.

Sin embargo, vista desde la amplia expansión de la eternidad, la cruz significó la derrota final de Satanás ¡y vino a ser la mayor victoria de Dios! Aunque sembrado en deshonra, Cristo resucitó en gloria; sembrado en debilidad, Cristo resucitó en poder (ver 1 Co. 15:43).

El Cordero de Dios puso su vida en el altar del sacrificio. Cuando derramaba sus últimas gotas de sangre, Él clamó a su Padre para que perdonara a aquellos cuyo pecado soportaba. Así inspiró —y expiró— su último aliento.

Y todo el cielo prorrumpió en un poderoso himno: *¡Perdonado! ¡Borrado! ¡Cancelado! ¡Misericordia concedida! ¡Justicia vindicada! ¡Redención consumada!*

Tres días después, el Cordero inmolado a favor de los pecadores, desde el principio del mundo, es levantado de la muerte: el León de la tribu de Judá.

Y Él reinará por siempre.

Y estaremos delante de su trono: pecadoras hechas santas, enemigas reconciliadas con Dios, vestidas del lino fino de su justicia, para adorarle y servirle día y noche por siempre.

Tal es el asombroso y eterno poder del perdón.

REFLEXIÓN PERSONAL

✍ ¿Hay algún "disco" que aún debes romper? Por su gracia, hazlo hoy.

✍ Adora a Dios por su asombroso perdón y gracia.

CON GRATITUD...

No me parece justo que solo aparezca mi nombre en la cubierta de un libro. Reconozco con gratitud la participación de las siguientes personas en la creación de este libro:

- *Lawrence Kimbrough*, quien después de tomar montones de mis notas, copias de mensajes, archivos y correos electrónicos, junto con algunas conversaciones telefónicas, armó y configuró con destreza las diversas piezas logrando un borrador inicial que era la expresión de mi corazón; también me ayudó con el posterior desarrollo de muchos apartados del libro. Su toque personal es evidente en todo el libro, dando como resultado una obra mejor de la que yo hubiera podido escribir sin sus considerables aportes y esfuerzos.

- *Mis apreciados amigos del equipo de Moody Publishers*, que comparten la misma pasión que yo siento por ver vidas transformadas por el poder de la verdad del Señor.

- *El Dr. Bruce Ware* por su revisión teológica. Él y su esposa Jodi han sido de gran inspiración para esta sierva durante muchos años.

- *Erik Wolgemuth*, mi agente literario, cuyo sabio apoyo en oración a todos mis esfuerzos editoriales significa mucho para mí.

- *Amigos que leyeron y comentaron el manuscrito en varias etapas*, entre ellos Dawn Wilson, que también colaboró en la investigación.

> *El equipo de Revive Our Hearts (presente y pasado)*, cuyo estímulo, oraciones e infatigable labor me permitieron centrarme en estudiar y escribir.

> *Danah Gresh, Dawn Wilson y Laura Elliot*, que hicieron sugerencias útiles para esta edición revisada.

> *Mis amados compañeros de oración*, que me apoyaron en el proceso de dar a la luz a este libro.

> *Robert Wolgemuth*, mi amado esposo y amigo que anima y ora por mí sin cesar, que me perdona libre y regularmente, y con quien es tan divertido inventar buenos verbos... sí, esa es una conversación frecuente en nuestra casa.

Notas

Epígrafe: *Prayers of the Martyrs,* comp. y trad. Duane W. H. Arnold, Grand
Rapids: Zondervan, 1991), 108-109.

Introducción

Epígrafe: Charles Spurgeon, *The Complete Works of C. H. Spurgeon*, vol. 31:
Sermones 1816–1876 (Salisbury, MD: Delmarva Publications, Inc., 2015).

1. Leon Alligood, columnista del diario *The Tennessean*, 17 de octubre de
2005, secc. A, pp. 1-2.
2. "For Such a Time as This in Los Angeles", pódcast de Revive Our
Hearts, 10 de marzo de 2021, https://www.reviveourhearts.com/podcast
/revive-our-hearts/such-time-los-angeles/.
3. Charles Dickens, *Great Expectations* (Oxford: Oxford University Press,
1994), 82. Publicado en español con el título *Grandes esperanzas*.
4. Chris Brauns, *Unpacking Forgiveness: Biblical Answers for Complex
Questions and Deep Wounds* (Wheaton, IL: Crossway, 2009), 14.

Capítulo 1: Caminar lastimado

Epígrafe: Oswald Chambers, *The Place of Help: A Book of Devotional Readings*
(Nueva York: Grosset & Dunlap, 1936), 266.

1. John Feinstein, *The Punch: One Night, Two Lives, and the Fight That
Changed Basketball Forever* (Boston: Little, Brown, and Co., 2002),
introducción.

Capítulo 2: Cuando rehusamos perdonar

Epígrafe: Vaneetha Rendall Risner, "We Cannot Cling to Bitterness and God",
Desiring God, 6 de marzo de 2021, https://www.desiringgod.org/articles/
we-cannot-cling-to-bitterness-and-god.

1. Lawrence O. Richards, *New International Encyclopedia of Biblical Words*
(Grand Rapids: Zondervan, 1991), 127.

2. *The Jewish People in the First Century: Historical Geography, Political History, Social, Cultural and Religious Life and Institutions*, vol. 2, S. Safrai y M. Stern, eds. (Assen/Amsterdam: Van Gorcum, 1976), 665.

3. Jordana Lewis y Jerry Adler, "Forgive and Let Live", *Newsweek*, 27 de septiembre de 2004, 52.

4. "The Good Heart", *Newsweek*, 3 de octubre de 2005, 49-55.

5. "As We Forgive Our Debtors" ["Cuando perdonamos a nuestros deudores"], mensaje predicado por John Piper, 20 de marzo de 1994, https://www.desiringGod.org/messages/as-we-forgive-our-debtors.

Capítulo 3: La promesa del perdón

Epígrafe: "The Freedom of Forgiveness: Tony Evans", Tony Evans y The Urban Alternative, consultado el 7 de febrero de 2022, https://tonyevans.org/blog/the-freedom-of-forgiveness.

1. Ernest Cassuto, *The Last Jew of Rotterdam* (San Francisco: Purple Pomegranate Productions, 2001), 124-25, 161-63.

2. Corrie ten Boom, *El refugio secreto* (Madrid: Ediciones La Palabra, 2015).

3. C. S. Lewis, *El peso de la gloria* (Madrid: Ediciones Rialp, 2017).

4. Dios ha designado a las autoridades civiles y religiosas castigar a los que hacen el mal y proteger a los justos. Es posible perdonar en tu corazón a un cónyuge, un hijo, una hija o un empleador al tiempo que notificas su conducta ilegal ante las autoridades que Dios ha establecido para tratar este tipo de ofensas, o si acudes a los líderes espirituales de tu iglesia para confrontar a la persona impenitente.

Capítulo 4: Perdonar por causa de Jesús

Epígrafe: D. Martyn Lloyd-Jones, *Studies in the Sermon on the Mount* (Grand Rapids: Eerdmans, 1976), 349. Publicado en español por El Estandarte de la Verdad con el título *Estudios sobre el Sermón del monte*.

1. Life Action Ministries tiene equipos que coordinan reuniones en iglesias locales con el propósito de buscar a Dios para experimentar un avivamiento personal y colectivo. Para conocer más al respecto o solicitar la visita de un equipo a tu iglesia, comunícate con: P.O. Box 31, Buchanan, MI 49107; 800-321-1538; www.LifeAction.org; info@LifeAction.org (en inglés).

2. Oswald Chambers, *My Utmost for His Highest* (Grand Rapids: Our Daily Bread Publishing, 2011), entrada del 19 de noviembre. Publicado en español por CLIE con el título *En pos de lo supremo*.

3. *Ibíd.*, 20 de noviembre.

4. *Ibíd.*, 20 de noviembre.

5. "Life of Cowper", *North American Review,* vol. 38, no. 82, enero de 1834, 13.

6. William Cowper, John Newton, *Olney Hymns: In Three Books* (Reino Unido: W. Oliver, 1779).

7. Chantal da Silva, "'Forgiveness' Is Trending after Moment Botham Jean's Brother Hugged Police Officer Who Killed Him and Told Her: 'I Don't Even Want You to Go to Jail'", 2 de octubre de 2019, https://www.newsweek.com/botham-jean-brother-bryant-offers-forgiveness-hug-amber-guyger-dallas-1462868, https://www.youtube.com/watch?v=NkoE_GQsbNA.

8. *Religion Today Summaries*, miércoles, 22 de junio de 2005. Esta es una publicación de Crosswalk.com, un sitio web provisto por la cadena radial Salem.

Capítulo 5: El arte de perdonar

Epígrafe: Dr. Crawford Loritts, https://twitter.com/CrawfordLoritts/status/618402631879389184.

1. Gracia Burnham con Dean Merrill, *To Fly Again* (Wheaton, IL: Tyndale, 2005), 43.

2. *Ibíd.*, 43-44.

Capítulo 6: Enojado con Dios

Epígrafe: C. S. Lewis, *Cartas del diablo a su sobrino* (Madrid: Ediciones Rialp, 2008).

1. John Piper, carta, 6 de enero de 2006.

Capítulo 7: Qué es el verdadero perdón y qué no lo es

Epígrafe: John Piper, *Future Grace* (Sisters, OR: Multnomah Press, 1995), 268. Publicado en español por Origen con el título *Gracia venidera*.

1. Sermón de C. H. Spurgeon, "Forgiveness Made Easy", http://www.spurgeon.org/sermons/1448.htm.

Capítulo 8: Devolver una bendición

Epígrafe: Chris Brooks, https://woodsidebible.org/the-healing-power-of-justice-the-longing-for-eternity/.

1. "Glory from the Ashes", Focus on the Family (diciembre de 2001); "The Kamikaze of God", *Christianity Today* (3 de diciembre de 2001).

2. Thomas Watson, *The Lord's Prayer* (Edimburgo: The Banner of Truth Trust, 1999), 252 (publicado originalmente como parte de *A Body of Divinity*, 1692).

3. Burnham con Merrill, *To Fly Again*, 54.

4. *Ibíd.*, 54-55.

5. "Bendecir" y "hacer bien" a su esposo no significa que ella justificó, ignoró o permitió sus elecciones pecaminosas. Aunque el amor genuino exigió de su parte decir la verdad, ella decidió hacerlo sin rencor, amargura o malicia en su corazón.

Epílogo: El poder del perdón

Epígrafe: Elisabeth Elliot, *Love Has a Price Tag* (Ann Arbor, MI: Servant Publications, 1979), 48.

1. Samuel Davies, "The Pardoning God", https://hymnary.org/text/great_god_of_wonders_all_thy_ways.

Guía de estudio

Antes de comenzar

No hay palabras "mágicas" ni fórmulas secretas para afrontar las heridas y el dolor que experimentamos en este mundo caído. Pero el perdón es una poderosa llave que puede liberarnos de ser prisioneras de quienes nos han hecho daño. Aunque el verdadero perdón puede ser difícil de extender, la Palabra de Dios nos muestra que realmente es posible liberarse de la amargura, los remordimientos y el dolor. Ese es el mensaje de *Escoge perdonar*.

Consejos para líderes de grupo

Formato y estructura

El propósito de esta guía de estudio es ayudar a las participantes a profundizar en su comprensión del perdón y cultivar un corazón y un estilo de vida de perdón.

Este recurso está diseñado para ser utilizado en una variedad de contextos, desde grupos pequeños hasta clases de escuela dominical. *Escoge perdonar* está dividido en ocho capítulos, además de una introducción y un epílogo. Esto proporciona material para diez sesiones, y es así como se ha desarrollado esta guía de estudio. (También se puede completar en ocho sesiones, combinando la Introducción con el Capítulo Uno y el Epílogo con el Capítulo Ocho).

El grupo puede optar por reunirse semanalmente o con menos frecuencia. No tengas prisa por completar este estudio. Las participantes podrían necesitar tiempo adicional para digerir y aplicar el material.

Anima a cada mujer a leer el capítulo y a completar la sección "Reflexión personal" que se encuentra al final de los capítulos, antes de cada reunión. Si es posible, también deberían leer previamente las preguntas de esta guía y estar preparadas para contestarlas.

Sé comprensiva

El tema del perdón implica la existencia de ofensas y problemas relacionales. Para la mayoría de las personas, centrarse en este tema puede hacer aflorar algo de dolor e incomodidad. Multiplica eso por el número de personas en tu grupo y podrás ver el potencial para un gran crecimiento del alma. No temas los momentos de incomodidad; deja espacio al Espíritu Santo para que traiga convicción y gracia a las mujeres en tu grupo.

A medida que compartan sus vidas, es posible que escuches expresiones de amargura y arrogancia. Escucha las historias de forma sabia y con sensibilidad. Antes de corregir a las mujeres, ora por ellas y confía en Dios para que obre en sus corazones. Lo más importante, mantén el evangelio siempre a la vista. Tu meta final para este estudio debe ser ver a Dios formar un grupo de adoradoras agradecidas que sepan cuánto han sido perdonadas y que estén dispuestas y comprometidas a extender el perdón a aquellos que pecan contra ellas.

Pídele a Dios la gracia que necesitas para dirigir el grupo con sabiduría y bondad. Pídele que obre en el corazón y la vida de cada mujer por medio del estudio para la gloria de su nombre.

Pautas generales

Puede ser útil establecer algunas normas básicas para el grupo. En primer lugar, la confidencialidad es importante. Las mujeres necesitan saber que cualquier asunto relacional que surja durante la reunión no saldrá de ahí (una excepción sería cuestiones que requieran el conocimiento y la intervención de las autoridades eclesiásticas o legales). Te ofrezco un consejo útil para tu grupo: "Si no es tu pecado, no comuniques los detalles a otros. ¡Hablemos de nuestros propios pecados antes que de los pecados de los demás!".

En segundo lugar, se trata de dialogar. No es el momento de confesar todos los pecados ni es una sesión de consejería. Si una de las mujeres está luchando y necesita ser ministrada de forma personal y más extensa, invítala a reunirse contigo en otro momento o que hable con su pastor o con una mujer sabia mayor que ella. De esta manera, ella puede recibir la atención que necesita y tu grupo no se desviará de lo que Dios está haciendo en las vidas de las demás.

En tercer lugar, es importante disfrutar del tiempo juntas. Dirige el estudio con base en el tamaño del grupo y el tiempo asignado. Evita temas secundarios o no relacionados. Sin embargo, no te sientas presionada a tratar todas las preguntas en cada reunión. Dependiendo del tiempo disponible y del tamaño y la apertura del grupo, es posible que al final solo puedan contestar dos o tres preguntas. El objetivo no es abarcar todo el contenido, sino que las mujeres de tu grupo puedan encontrarse con Cristo y entender mejor y experimentar su asombrosa gracia.

INTRODUCCIÓN

Para empezar

Al comenzar este estudio, ¿qué esperas que ocurra mientras lees este libro y participas en este grupo? Comparte tus ideas con el grupo. (Anota tus expectativas para este estudio y, al final, reflexiona sobre lo que escribiste).

Preparación

Una de las participantes del grupo puede leer en voz alta la cita del obispo Hassan Dehqani-Tafti, en la página 5. ¿Qué hace que la perspectiva de este hombre sea tan inusual?

¿Conoces a alguien que haya respondido de manera similar a la pérdida personal o al sufrimiento a manos de otro?

¿De qué manera se ha enriquecido tu vida por medio de alguna circunstancia difícil o dolorosa de tu pasado?

Profundiza y comenta

1. El pastor Chris Brauns dice: *"No puedo decirte cuántas horas he pasado trabajando en cuestiones complejas sobre el perdón con personas en mis iglesias... puedo recordar imágenes de tantas personas cansadas y heridas"* (p. 22). ¿Cuál es un ejemplo de una "cuestión compleja sobre el perdón" con la que tú o alguien que conoces ha luchado?

2. Analiza la respuesta de Regina Hockett al asesinato de su hija Adriane. ¿Qué observaciones te llaman la atención?

3. En la página 16, la mujer que aún estaba conmocionada por la muerte de su hija a manos de un acosador pregunta: *"¿Cómo lo puedo perdonar?"*. ¿Cuáles son algunas de las razones por las que la gente lucha con la cuestión de "cómo" perdonar?

4. ¿Cómo ilustra la historia de la señorita Havisham la forma en que muchas personas responden cuando son agraviadas? ¿De qué manera las personas "cierran las cortinas" y "detienen los relojes" cuando han sido heridas? ¿Te sientes identificada con alguna de estas reacciones en algún momento de tu vida o en la vida de alguien que conoces? (Ten cuidado de no compartir detalles que reflejan negativamente sobre otros).

5. *"Sin embargo, si vamos a ser verdaderos instrumentos de misericordia en la vida de otros, debemos actuar con la verdad... La compasión puede dar alivio temporal, pero solo el perdón puede traer consuelo duradero"* (pp. 17-18).

   ¿Se te ocurre alguna situación en la que te sentiste tentada a buscar (o a ofrecer) mera "compasión" hacia alguien que había sido agraviado, sin compartirle la "verdad" de que necesita perdonar al otro?

   Comparte con el grupo un ejemplo de alguien que fue más allá de ofrecerte compasión cuando te habían hecho daño y te animó a seguir el camino del perdón. ¿Cuál fue el resultado?

6. Lee y comenta Hebreos 12:15. ¿Qué nos dice este versículo sobre la gracia de Dios y la naturaleza y las consecuencias de la amargura?

7. *"Para la mayoría de nosotras, el problema no es que no sepamos acerca del perdón. El problema... es que no hemos reconocido y*

admitido la falta de perdón que existe en nuestro corazón, o que simplemente, no hemos escogido perdonar" (p. 21).

Las participantes del grupo pueden hacer oraciones breves en voz alta, pidiéndole a Dios que abra sus ojos y sus corazones, y los de los demás, para comprender mejor el mensaje del perdón a lo largo de este estudio.

Por tu cuenta

¿Conoces bien lo que dice la Biblia sobre el perdón? Antes de la próxima reunión, utiliza la concordancia en la parte posterior de tu Biblia o una herramienta en línea como BibleGateway.com para buscar varios versículos sobre el tema del perdón (o la amargura). Prepárate para compartir lo que aprendiste de estos versículos en la próxima reunión.

Una nota de gracia

La promesa de Hebreos 12:15 es que la gracia de Dios está disponible para ayudarte a hacer el duro trabajo del perdón. No estás sola en esto; no luchas en tus propias fuerzas. Este viaje se fundamenta en la gracia.

CAMINAR LASTIMADOS

Para empezar

El tema de este capítulo se resume en la cita inicial de Oswald Chambers: *"Hablamos de manera locuaz acerca del perdón cuando nunca hemos sufrido un agravio. Cuando somos agraviados sabemos que es imposible para un ser humano perdonar a otro, sin la gracia de Dios"* (p. 24).

¿Por qué es importante reconocer las heridas que deja el pecado?

Desde la última vez

Tu tarea fue buscar y estudiar varios versículos sobre el perdón (o la amargura). ¿Qué versículo(s) te ministró(aron) particularmente y por qué?

Profundiza y comenta

1. *"En este mundo caído, el dolor es inevitable. Sin duda alguna, serás herida, agraviada y ofendida por otros. No hay forma de evitarlo"* (p. 31). ¿Qué implicaciones tiene esta realidad? ¿Por qué es bueno tener presente este hecho?

2. *"El resultado de nuestra vida no depende de lo que nos pasa, sino de cómo respondemos a lo que nos pasa"* (p. 31).

   Se ha dicho que vivimos en una cultura que celebra el "victimismo". ¿Cuáles son algunas de las consecuencias de esa forma de pensar? ¿Se te ocurre algún caso en el que hayas sentido la tentación de considerarte "víctima" de tus circunstancias o de las decisiones de los demás, en lugar de asumir la responsabilidad de tus propias respuestas? ¿De qué manera podría ser liberadora la afirmación anterior?

3. Nancy explica: *"Hay esencialmente dos formas de responder a las heridas y a las experiencias injustas de la vida"* (p. 33). Explica esas dos respuestas diferentes y sus resultados. Una o a varias en el grupo pueden hablar sobre un momento en que respondieron como "cobradoras de deudas".

4. Si el padre de Heidi hubiera demandado con éxito al hospital, ¿crees que esa victoria legal le habría aportado paz y satisfacción? ¿De qué manera nuestro sistema legal promueve a veces la falta de perdón? ¿Es correcto alguna vez demandar a otro por negligencia o mala conducta? ¿Qué principios bíblicos deberían guiar esa decisión?

5. Rudy Tomjanovich dijo que odiar al jugador que había arruinado su carrera sería *"como tomarse un veneno y pretender que otro muera"* (p. 40). ¿A qué se refería? ¿En qué se parece la amargura al veneno? ¿Cómo nos afecta a nosotras y a otros?

6. Comparte con el grupo tus respuestas a una o más de las preguntas de "Reflexión personal" en la página 41.

Por tu cuenta

Lee Mateo 18:21-35 en oración. ¿Qué hace que "cobrar las deudas" sea tan impensable para los que están en el reino de Dios? ¿Eres una cobradora de deudas? Pídele al Señor que te hable por medio de este pasaje acerca de cualquier deuda que estás intentando cobrar de un ofensor.

Una nota de gracia

"Y cuando estéis orando, perdonad, si tenéis algo contra alguno" (Mr. 11:25). Somos pecadoras. ¿Cómo podemos saber que nuestras oraciones serán aceptadas por un Dios santo? Él es un Dios justo. No encubre el pecado. Nuestros pecados le ofenden profundamente. Dios no puede dejar que el pecado quede impune. Jesús pagó por nuestros pecados para que podamos acercarnos con valentía al trono de la gracia. Nuestra capacidad de perdonar a los demás se basa en ese intercambio divino. Conscientes de lo mucho que Dios nos ha perdonado, podemos perdonar a los demás y confiar en que nuestro Padre celestial hará justicia.

CAPÍTULO DOS

CUANDO REHUSAMOS PERDONAR

Para empezar

La amargura es un pecado muy sutil. Solemos ser las más ciegas ante nuestra propia amargura. A la luz del tema de esta sesión, comienza esta reunión con una oración, pidiéndole al Espíritu Santo que ilumine cualquier raíz oculta de amargura que pueda estar "enterrada" en tu corazón y en tu mente.

El grupo puede leer en voz alta Hebreos 12:1-17, turnándose para leer uno o más versículos. ¿Qué ideas de este pasaje pueden ayudarnos a afrontar las "situaciones difíciles" que llegan a nuestras vidas?

Profundiza y comenta

1. Puede ser difícil detectar (o reconocer) la amargura en nuestros corazones. ¿Cuáles son algunas de las evidencias reveladoras de que el dolor puede haberse convertido en amargura en la vida de alguien?

2. ¿Cuáles son algunas de las acciones y actitudes que a menudo acompañan a la amargura? (ver Ef. 4:31-32; Ro. 3:14; Col. 3:19).

3. Explica cómo la amargura nos afecta en cada una de las siguientes áreas:

   • Nuestra mente y nuestras emociones

- Nuestras relaciones con los demás

- Nuestra relación con Dios

4. Explica cualquier detalle que te llame la atención de la parábola del siervo que no perdona (Mt. 18:21-35).

   ¿Qué perspectiva nos da la extraordinaria cantidad de dinero que debía el primer siervo en relación con nuestro pecado y el perdón que hemos recibido de Dios?

   Jesús dijo que, cuando nos negamos a perdonar, nos exponemos a ser entregadas a "verdugos" (v. 34). ¿Qué podrían ser algunos de esos verdugos?

   ¿Cómo afecta la falta de perdón a nuestra capacidad de experimentar el amor y el perdón de Dios (v. 35)?

5. De qué manera la falta de perdón abre la puerta para que Satanás se afiance en nuestras vidas?

6. Nancy dice que está convencida de que *"el pecado sexual puede estar vinculado a una raíz de amargura (como lo están muchos otros pecados y problemas)"* (p. 61). Explica cómo el pecado sexual puede ser el fruto de una raíz de amargura.

7. Comparte con el grupo tus respuestas a una o más de las preguntas de "Reflexión personal" en la página 65.

   Dedica tiempo a orar por cualquiera que exprese el deseo de recibir la gracia de Dios para tratar con una raíz de amargura en su corazón.

Por tu cuenta

Con tu cónyuge o una amiga, repasa las afirmaciones que revelan amargura en las páginas 45-46. Pregunta a esta persona si ve alguna evidencia de falta de perdón en tu vida en esas áreas.

En caso afirmativo, oren para que puedas tener la gracia necesaria para liberar a todos tus deudores, en virtud de lo que Jesús ha hecho por ti.

Una nota de gracia

Si te sientes tentada por la condenación y el desánimo, recuerda que estas reacciones son evidencia del orgullo que aún te acecha. En lugar de eso, reconoce que no tienes la capacidad de perdonar con tus propias fuerzas. Confía en Dios para darte la gracia que necesitas para desechar toda amargura, del mismo modo que te da la gracia para arrepentirte de otros pecados. Cuanto más necesites la gracia de Dios, ¡más lo magnificarás a Él!

[CAPÍTULO TRES]

LA PROMESA DEL PERDÓN

Para empezar

Corrie ten Boom dijo: *"La sanidad del mundo no depende de nuestro perdón, ni de nuestra propia bondad, sino de los del Señor"* (p. 73). ¿Conoces a esta superviviente del holocausto? (Su impactante historia ha sido relatada en un libro y una película, ambos titulados *El refugio secreto*). ¿Qué recuerdas de cómo la vida de Corrie ilustra el mensaje de escoger el perdón?

¿En qué sentido la sanidad del mundo depende del perdón de Cristo?

Desde la última vez

¿Cómo te fue con tu cónyuge o tu amiga al repasar las afirmaciones que podrían revelar amargura? ¿Descubriste alguna observación sobre la amargura que antes te había pasado desapercibida?

Profundiza y comenta

1. ¿Cómo ilustra la naturaleza del perdón la imagen de la "tecla de borrar" de una computadora (pp. 67-68)?

2. ¿A qué nos referimos cuando decimos que el perdón es una promesa (p. 69)? ¿A qué "derecho" renunciamos cuando perdonamos a alguien?

3. ¿Qué es lo que más te impresionó de los relatos de Ernie Cassutto (pp. 70-73) y Lorna Wilkinson (pp. 79-82)? ¿Cómo repercutió en sus "enemigos" su decisión de perdonar?

4. Nancy pregunta: *"¿Existe un nivel de dolor que nos exime de perdonar, o tal vez uno que hace imposible el perdón?"* (p. 73). ¿Cómo responderías a esa pregunta, basándote en la Palabra de Dios?

5. ¿En qué sentido está el perdón en el corazón del evangelio?

6. ¿Cómo responderías a la preocupación de que el perdón libera al ofensor de las consecuencias de su pecado?

   Cuando perdonamos a alguien, ¿significa eso que esa persona no debe rendir cuentas ni sufrir las consecuencias de sus malas decisiones? Explica por qué el perdón y la justicia no son mutuamente excluyentes.

7. ¿Qué nos enseñan los relatos bíblicos de José y Abigail sobre cómo responder a quienes han pecado contra nosotras?

8. Comparte con el grupo tus respuestas a una o más de las preguntas de "Reflexión personal" en la página 83.

Por tu cuenta

Tal vez, como en el caso de Ernie Cassutto, tu perdón podría llevar a alguien a recibir la misericordia de Dios por sus pecados contra Él. ¿Te viene a la mente alguna situación específica? Comienza a orar por la intervención misericordiosa de Dios en la vida de esa persona.

Una nota de gracia

Si temes perdonar a alguien debido a la gravedad de la ofensa, recuerda que tu Padre celestial odia ese pecado más de lo que tú podrías hacerlo. No dejará que quede impune. Al igual que tus propios pecados, esta ofensa puede ser redimida por la misericordiosa obra expiatoria de la cruz de Cristo.

CAPÍTULO CUATRO

PERDONAR POR CAUSA DE JESÚS

Para empezar

Este capítulo es el corazón del libro. El grupo puede comenzar esta reunión centrándose en el amor y la misericordia de Dios manifestados en el sacrificio de Cristo en la cruz. Las participantes pueden leer algunos versículos, ofrecer breves oraciones de acción de gracias y adoración, o cantar un himno o coro apropiado.

Profundiza y comenta

1. ¿Qué quiere decir Oswald Chambers cuando afirma: *"El único motivo por el cual Dios puede perdonarme es la cruz de mi Señor"* (p. 86)? ¿Qué implicaciones tiene la cruz para quienes han sido agraviados? ¿De qué manera la cruz hace posible que perdonemos a los demás?

2. En este capítulo, Nancy habla de cómo las pruebas más difíciles que sufrimos pueden ser utilizadas por Dios con fines redentores en nuestras vidas. ¿Cuáles son algunos pasajes bíblicos o ejemplos que confirman este punto?

3. ¿Quiénes son los tres personajes del libro de Filemón y cuáles son los tres roles que representan en las relaciones rotas? ¿Qué nos enseñan sobre la naturaleza y el objetivo del perdón?

¿Puedes pensar en un ejemplo contemporáneo de un "pacificador", alguien que conozcas o del que hayas oído hablar y que haya tratado de lograr la reconciliación entre dos personas o partes?

4. ¿Has escuchado la frase: "No puedo perdonarme a mí misma"? Tal vez tú misma la hayas pensado. ¿Concuerda ese concepto con la Palabra de Dios? ¿Cómo ministrarías a alguien que dice que está luchando por "perdonarse a sí misma"?

5. Cuando vio la ira y la amargura profundamente arraigadas en su corazón, la amiga de Judá Ben-Hur, Ester, le dijo: *"Ahora tú te pareces a lo mismo que pretendes destruir, pagando mal por mal. El odio te ha convertido en una piedra... Es como si te hubieras convertido en Messala* [el amigo que le había traicionado a los romanos y que era objeto de su afán de venganza]" (p. 100). ¿Crees que es acertada la observación de que a menudo empezamos a parecernos a quienes más odiamos? ¿Por qué puede ser cierto?

6. *"No hay prueba más creíble para el mundo de que el evangelio que proclamamos es real que cuando extendemos el perdón de Dios a otros"* (p. 97). ¿Cómo influye nuestra disposición o nuestra negativa a perdonar en la forma en que los no creyentes ven el evangelio? ¿Cuáles son algunos ejemplos de la vida real (negativos o positivos) que has presenciado, experimentado o de los que has oído hablar?

7. Explica el significado de la frase "recibir el perdón y dar el perdón" (p. 99).

8. Comparte con el grupo tus respuestas a una o más de las preguntas de "Reflexión personal" en la página 101.

Por tu cuenta

Lee Romanos 8:12-39. Mientras lo haces, considera cualquier área en la que hayas sido agraviada y estés luchando por perdonar a otro. Haz una lista de las declaraciones y promesas en este pasaje que tengan relación con tu situación.

Una nota de gracia

Tal vez te haya sorprendido que no necesitas perdonarte a ti misma, sino recibir el perdón de Dios. Pero caminar con la seguridad de ese perdón es la mejor manera de combatir las tentaciones comunes de la culpa y el remordimiento. Mejor aún: no es algo que tengas que hacer con tus propias fuerzas. No tienes que esforzarte ni mentalizarte con discursos motivadores. Solo tienes que adoptar una actitud humilde y estar de acuerdo con la visión que Dios tiene de tu pecado y con tu necesidad de recibir su misericordia abundante.

CAPÍTULO CINCO

EL ARTE DE PERDONAR

Para empezar

Con este capítulo, damos un pequeño giro en nuestro viaje del perdón. Hemos dedicado tiempo a explicar "por qué" perdonar; ahora nos centraremos en "cómo". Consideraremos el proceso del perdón y cómo tener una mayor intimidad con Dios y libertad en nuestras relaciones.

Desde la última vez

¿Cómo aplicaste Romanos 8:12-39 a una situación que estás enfrentando? Explica lo que te mostró el Señor en ese pasaje.

Profundiza y comenta

1. Al principio de este capítulo, Nancy dice: *"La nuestra es una fe activa. Solo cobra vida y belleza cuando nuestros sustantivos se convierten en verbos"* (p. 103). ¿Qué crees que quiso decir con esa afirmación? ¿Se te ocurre alguna ilustración (bíblica o contemporánea) de este principio?

2. Explica cuáles son los tres pasos prácticos para perdonar a otros que Nancy esbozó en este capítulo (pp. 106-114). ¿Por qué es importante cada paso y cuáles son algunas de las barreras que puedes encontrar en el proceso de dar cada paso?

3. Explica por qué "olvidar" la ofensa no es un requisito del verdadero perdón.

4. Si tu ofensor está equivocado en un 95% y tú solo en un 5%, ¿cómo quiere Dios que respondas?

5. Explica el papel de los sentimientos y la fe en el proceso de perdonar.

6. ¿Qué quiere decir Nancy cuando afirma que *"el perdón es sobrenatural"* (p. 120)? ¿Qué implicaciones tiene esa realidad?

7. ¿Qué ideas sobre el perdón podemos extraer del testimonio de Gracia Burnham (pp. 114-116)?

8. ¿Qué es lo que más te ha llamado la atención del relato de la amiga de Nancy cuyo marido cometió adulterio (pp. 117-121)? ¿Cómo puede alguien que ha sido herido tan gravemente llegar a ver su experiencia como "un regalo para aceptar" (p. 118)?

Por tu cuenta

Si aún no lo has hecho, rellena la hoja "El camino del perdón" (p. 107) tal cómo se recomienda en este capítulo. Podrás compartir tus respuestas en la próxima reunión.

Una nota de gracia

"Si sabéis estas cosas, bienaventurados seréis si las hiciereis" (Jn. 13:17). La bendición viene al creer y al poner las creencias en acción. Por el contrario, ¡la desobediencia significa perder la bendición de Dios!

CAPÍTULO SEIS

ENOJADOS CON DIOS

Para empezar

"Sea lo que sea lo que esperen, los hombres pronto llegan a pensar que tienen derecho a ello; el sentimiento de decepción puede ser convertido, con muy poca habilidad de nuestra parte, en un sentimiento de agravio" (C. S. Lewis, p. 122).

¿Cuáles son algunos ejemplos en nuestra cultura (o en acontecimientos actuales) de expectativas incumplidas y decepción que se convierten en ira y "un sentimiento de agravio"?

Desde la última vez

Explica cómo es tu hoja "El camino del perdón". ¿Te sorprendió algo al rellenarla? ¿Cómo experimentaste la gracia de obedecer?

Preparación

¿Qué te parece la frívola demanda presentada por Donald Drusky? ¿Por qué eran tan escandalosas sus afirmaciones?

Profundiza y comenta

1. ¿Por qué crees que las personas expresan tanta ira en nuestros días?

2. ¿Cómo responderías a la pregunta que Nancy plantea en la página 125: *"¿Tenemos en algún momento el derecho de estar enojadas con Dios?"*.

Los autores bíblicos a veces hacen preguntas "difíciles" a Dios y le expresan sentimientos intensos sobre su sufrimiento. ¿Cuándo crees que "ser sinceras con Dios" sobre nuestro dolor cruza la línea y se convierte en una respuesta pecaminosa?

3. *"He llegado a pensar que, en alguna medida, toda amargura se dirige en última instancia a Dios"* (p. 127). Explica cómo esto podría ser cierto, incluso en una situación en la que alguien ha sido agraviado por otro individuo y, de forma consciente, no siente amargura hacia Dios.

4. Explica de qué manera la respuesta de la madre de Bill Elliff al adulterio de su marido ilustra la gracia de Dios y el poder del perdón.

5. ¿Qué tiene de malo la idea de que, a veces, necesitamos perdonar a Dios?

6. ¿Qué revela el relato bíblico de Noemí sobre las causas y las consecuencias de la amargura?

7. Lee la respuesta de John Piper a su diagnóstico de cáncer (pp. 134-135). ¿Qué revela esa respuesta sobre su visión de Dios? ¿En qué difiere esto de la visión de Dios expresada por Noemí en el libro de Rut?

8. ¿Cómo afecta nuestra visión de Dios y de su providencia a nuestra capacidad de responder a Dios en medio del dolor y de perdonar a quienes nos ofenden?

9. Dedica un tiempo a comentar cualquier respuesta personal que te sientas libre de compartir de las preguntas de la página 141.

Por tu cuenta

"Escucha tus propias palabras. ¿Qué dices acerca de Él? ¿Qué comunica tu vida a otros sobre Él?" (p. 134). Antes de la próxima

reunión, pide a tu cónyuge, a tus hijos, a una amiga o a otras personas que te conocen (cualquiera o todos) que te ayuden a escuchar tus propias palabras. Pídeles que te digan con delicadeza (¡pero con sinceridad!) lo que tu respuesta a las circunstancias difíciles comunica sobre Dios. Toma nota de esas observaciones y vuelve preparada para compartir lo que has aprendido.

Una nota de gracia

El fruto de hacer el duro "trabajo de corazón" del perdón es verdaderamente la dulce restauración de todo por lo que has orado. Tal vez no entiendas por qué Dios te pide que hagas su voluntad, pero realmente hay una dulce recompensa en confiar en Dios para la resolución final de tus circunstancias.

CAPÍTULO SIETE

QUÉ ES EL VERDADERO PERDÓN Y QUÉ NO LO ES

Para empezar

En esta sesión, hablaremos de la dura verdad de que, simplemente, no hay consuelo en la falta de perdón. Esto se debe a que, como John Piper nos recuerda tan elocuentemente, *"Dios entregó a su único Hijo para que sufriera más de lo que nosotros jamás podríamos hacer sufrir a otro por lo que nos ha hecho"* (p. 142).

Desde la última vez

¿Qué te han dicho otras personas acerca de lo que tu respuesta a las circunstancias difíciles comunica sobre Dios? ¿Te sorprendió? ¿Te animó? ¿Sentiste convicción por tus palabras?

Profundiza y comenta

1. Repasa los cuatro mitos sobre el perdón que Nancy menciona en este capítulo. Comparte con el grupo con cuál de estos mitos has luchado en algún momento de tu vida.

2. ¿Es posible perdonar a alguien y aun así experimentar, en ocasiones, emociones que aparentemente contradicen el perdón? ¿Cómo debes ver y manejar esas emociones?

3. ¿Por qué motivos podría Dios decidir no permitirnos olvidar una ofensa, incluso después de que hayamos decidido

perdonar al ofensor? ¿Cómo desea Dios que utilicemos el recuerdo de la herida y nuestro dolor? (ver 2 Co. 1:3-5). Ilustra este principio a partir de tu experiencia personal o la de otra persona que conoces.

4. Explica la relación entre el *momento* de perdonar y el *proceso* de sanidad y restauración.

5. ¿Cuáles son los tres buenos "hábitos" señalados por Nancy que Pablo ejerció a lo largo de su vida (pp. 152-153)?

6. Habla sobre la cualidad de "dominio propio". ¿Qué significa? ¿Por qué es importante? Comparte con el grupo algunas ilustraciones prácticas y personales de situaciones actuales o recientes en tu vida en las que fue necesario ejercer el dominio propio.

7. ¿Qué te ha enseñado la historia de Steve Saint, cuyo padre misionero fue asesinado en la selva de Ecuador hace más de cincuenta años? Describe el legado espiritual que la madre de Steve dejó a su hijo y el impacto que la respuesta de ella ante la pérdida de su esposo tuvo en su hijo años más tarde, cuando ya era un hombre adulto.

8. Explica el tipo de legado que deseas dejar para la próxima generación en relación con el perdón.

Por tu cuenta

Piensa en dos formas prácticas de mostrar dominio propio en tu hogar en los próximos días. ¿Cómo puedes mostrarlo en situaciones que enfrentas en el trabajo o en la iglesia? Planifica con anticipación cómo responder ante ciertas tentaciones que puedes enfrentar y prepárate para extender gracia a otros.

Una nota de gracia

Recordar las veces que hemos sido perdonadas nos hará más agradecidas; también nos hará más compasivas hacia los errores y los puntos débiles de los demás. Medita sobre la cita de John Piper al principio de este capítulo (p. 142). Comprender el sacrificio de Jesús por ti, lo cual te capacita para perdonar, te ayudará a responder a las personas y las circunstancias hirientes con la gracia de Dios.

CAPÍTULO OCHO

DEVOLVER UNA BENDICIÓN

Para empezar

Cuando empezaste a leer este libro, tal vez pensaste que la parte más difícil sería perdonar a otros de forma sincera. Ahora, en este último capítulo, exploramos el paso final, un paso que es imposible sin la obra del Espíritu Santo en nuestras vidas. Ora y pide al Señor la gracia que necesitas para ser verdaderamente como Cristo.

Desde la última vez

¿Pudiste mostrar dominio propio a los demás en medio de circunstancias difíciles? Explica algún ejemplo.

Preparación

Este capítulo se fundamenta en Romanos 12. El grupo puede leer en voz alta este pasaje, turnándose para leer uno o más versículos. ¿Cuál es la "idea principal" de este capítulo?

Profundiza y comenta

1. ¿Has conocido alguna vez a alguien que parecía estar "atrapado emocionalmente" en el dolor de su pasado, incluso después de haber tomado la decisión de perdonar a quienes le hicieron daño? ¿Cuál es la pauta que Nancy aborda en este capítulo y que puede ayudar a las personas a avanzar en paz y

libertad? Vuelve a leer Romanos 12:19-21, donde este principio está claramente establecido.

2. El perdón *"supone mucho más que la simple liberación de nuestros ofensores"* (p. 164). Describe lo que significa "mucho más".

   ¿Cómo podemos "vencer el mal con el bien"? ¿Cómo demostró Martin Burnham este principio (pp. 165-166)? ¿Cómo se ilustra este concepto en la vida de José (p. 169)?

3. Comparte con el grupo tu respuesta al ejercicio "Reflexión personal" en la página 175. (Sé lo más transparente posible. Ten cuidado de no compartir detalles que reflejan negativamente sobre otros).

4. Dios *"nunca ha visto una circunstancia tan horrible que no pueda transformarla en un trofeo de su misericordia y su gracia"* (p. 167). ¿Cómo cambiarían nuestras respuestas a circunstancias dolorosas si realmente creyéramos eso?

5. Lee 1 Pedro 2:19-25. ¿Cómo podemos convertirnos en instrumentos de la gracia redentora de Dios en la vida de quienes han pecado contra nosotras, al perdonarlos y bendecirlos? ¿Sabes de algún caso en el que hayas visto que esto ocurra?

Por tu cuenta

Lucas 6:27-28 nos dice que debemos amar a nuestros enemigos, hacer bien a los que nos aborrecen, bendecir a los que nos maldicen y orar por los que nos calumnian. En los próximos días, ora por alguien que te ha ofendido o ha pecado contra ti. Después, busca la manera de cumplir el resto del pasaje de forma sabia y con discreción. Como sugerencia, habla de esto con una creyente madura que pueda orar por ti, ayudarte a dar los siguientes pasos de forma sabia, y también hacer un seguimiento para asegurarse de que has hecho lo que te habías propuesto.

Una nota de gracia

Mientras haces la tarea y el Espíritu Santo te muestra maneras de bendecir a tu ofensor, puede que aún te cueste ser un "canal de bendición". Recuerda que Dios suple la gracia que necesitamos para cumplir sus mandamientos. Por medio del poder y la gracia de Cristo, puedes vencer el mal con el bien. Si el orgullo se interpone en tu camino, pide a Dios un corazón quebrantado y tierno. Tu Padre celestial quiere que experimentes plenamente la libertad del perdón.

EL PODER DEL PERDÓN

Para empezar

La cita de Elisabeth Elliot al principio de este epílogo termina con estas palabras: *"¿Quién puede oponerse a la fuerza del perdón?"* (p. 176). Hay un inmenso poder en el perdón para lograr mucho más que nuestra propia libertad y liberación de la amargura.

Desde la última vez

¿Tuviste la oportunidad de orar y mostrar bondad a alguien que te ha ofendido o ha pecado contra ti? ¿Has visto algún fruto de tu obediencia, en ti o en ellos?

Preguntas finales

1. Este epílogo destaca el poder del perdón. ¿Cómo puede el perdón traer sanidad a la vida del *ofensor*? ¿Y en la vida del *ofendido*? ¿Cómo puede el perdón influir en futuras situaciones, relaciones y generaciones?

2. Durante años, Bonnie repitió una "grabación" en su mente de los arrebatos de ira y el comportamiento de su madre. Un día, Bonnie fue desafiada a "romper el disco" de esos errores del pasado. ¿Cuál fue el resultado cuando lo hizo?

   ¿Hay algún "disco" que necesites romper? Comparte con el grupo lo que Dios te ha estado diciendo y dedica tiempo a orar por aquellas que expresan una necesidad de oración.

3. ¿Cuál es la meta final del perdón (p. 181)? ¿Cómo se pone de manifiesto la gloria de Dios cuando escogemos perdonar?

4. A primera vista, la cruz parecía ser una derrota colosal para los planes de Dios. ¿Cómo resultó ser su victoria definitiva? ¿Cuáles son las implicaciones del triunfo de la cruz para nuestras vidas en este mundo caído?

5. ¿Qué has aprendido de este estudio sobre el perdón que te haya resultado más útil, esclarecedor o impactante?

6. Desde que comenzó este estudio, ¿qué cambios has experimentado en tu vida, en tu relación con el Señor o en tus relaciones con los demás?

Una nota de gracia

¡Qué mejor manera de terminar un estudio sobre el perdón que pasar algún tiempo en adoración, uniéndose a la celebración celestial de los redimidos alrededor del trono!

Vi un cielo nuevo y una tierra nueva; porque el primer cielo y la primera tierra pasaron, y el mar ya no existía más. Y yo Juan vi la santa ciudad, la nueva Jerusalén, descender del cielo, de Dios, dispuesta como una esposa ataviada para su marido. Y oí una gran voz del cielo que decía: He aquí el tabernáculo de Dios con los hombres, y él morará con ellos; y ellos serán su pueblo, y Dios mismo estará con ellos como su Dios. Enjugará Dios toda lágrima de los ojos de ellos; y ya no habrá muerte, ni habrá más llanto, ni clamor, ni dolor; porque las primeras cosas pasaron.

Y el que estaba sentado en el trono dijo: He aquí, yo hago nuevas todas las cosas. Y me dijo: Escribe; porque estas palabras son fieles y verdaderas (Ap. 21:1-5).

El modelo de Tito 2 de que las mujeres mayores vivan el evangelio junto a las más jóvenes es vital para que todas podamos crecer. Es de fortaleza mutua, glorifica a Dios y hace que Su verdad sea creíble para nuestro mundo. Esto es comunidad cristiana como Dios la diseñó. Tu vida encontrará su significado más pleno al adornar el evangelio de Cristo.

ACERCA DE LA AUTORA

NANCY DEMOSS WOLGEMUTH ha tocado las vidas de millones de mujeres a través de Aviva Nuestros Corazones (Revive Our Hearts) y el movimiento Mujer Verdadera (True Woman) llamándolas al avivamiento del corazón y la feminidad bíblica. Su amor por Cristo y su Palabra es contagioso y penetra sus campañas en Internet, sus conferencias, sus libros y dos programas de audio diarios, *Aviva nuestros corazones* y *En busca de Dios*. Sus libros han vendido más de cuatro millones de ejemplares y están llegando al corazón de mujeres de todo el mundo. Nancy y su esposo, Robert, viven en Michigan.

NUESTRA VISIÓN

Maximizar el efecto de recursos cristianos de calidad que transforman vidas.

NUESTRA MISIÓN

Desarrollar y distribuir productos de calidad —con integridad y excelencia—, desde una perspectiva bíblica y confiable, que animen a las personas a conocer y servir a Jesucristo.

NUESTROS VALORES

Nuestros valores se encuentran fundamentados en la Biblia, fuente de toda verdad para hoy y para siempre. Nosotros ponemos en práctica estas verdades bíblicas como fundamento para las decisiones, normas y productos de nuestra compañía.

Valoramos la excelencia y la calidad
Valoramos la integridad y la confianza
Valoramos el mérito y la dignidad de los individuos y las relaciones
Valoramos el servicio
Valoramos la administración de los recursos

Para más información acerca de nuestra editorial y los productos que publicamos visite nuestra página en la red: www.portavoz.com